KB081899

읽으면 돈이 되는 공모주 투자

참돌

읽으면 돈이 되는 공모주 투자

1판 1쇄 펴냄 2020년 8월 31일

지은이   훈민아빠
펴낸이   하진석
펴낸곳   참돌
주소   서울시 마포구 독막로3길 51
팩스   0505-318-3919
이메일   book@charmdol.com
전화   02-518-3919

ISBN   979-11-88601-45-5 03320

* 이 책 내용의 전부나 일부를 이용하려면 반드시 저작권자와 코너스톤의 서면 동의를 받아야 합니다.
* 책값은 뒤표지에 있습니다.
* 잘못된 책은 구입하신 곳에서 바꾸어 드립니다.

읽으면 돈이 되는
공모주 투자

훈민아빠 지음

머리말

재테크는 꾸준함과 엉덩이다.

재테크를 잘하는 사람을 만나면 뭔가 특별한 그들만의 방법을 배울 수 있을 것 같지만, 한 번에 막힌 곳을 뚫어주는 비법이란 없다. 특기가 있는 줄 알았던, 현란한 매매를 즐기던 사람들은 오래 버티지 못하고 낙마할 때가 많다. 필자는 증권부 기자로 일하던 2005년쯤 다수의 데이트레이더, 슈퍼개미를 인터뷰한 적이 있는데, 10년쯤 지나 증권시장으로 돌아가서 수소문해보니 대부분 망해 있었다. 기교는 오래가지 못한다. 꾸준함과 끈기가 끝까지 살아남을 뿐이다.

미래에셋그룹을 창업한 박현주 회장은 국채 투자로 큰돈을 벌었고, 필자가 아는 어떤 자산운용사 사장은 2000년대 초반 공모주 투자로 기업 창업 자금을 만들었다. 이렇듯 일확천금은 어디에나 있지만, 꾸준한 일확천금은 없다. 세계 그 어느 유명 투자자라도 모두 꾸준함이나 끈기로 돈을 번다.

공모주는 그중에서도 어떤 투자법보다도 꾸준함이 필요하다. 계좌를 미리 만들어둬야 하고, 청약할지 말지 결정한 뒤 청약하기로 하면 목돈을 넣어야 하고, 돈이 모자라면 마이너스 통장이나 증권 담보 대출, 보험사 약관 대출, 카드 대출을 받아야 한다. 그리고 이틀 뒤 환불일에 맞춰 돈을 빼고 상장일에 매도하는 것을 잊지 말아야 한다. 주식 매도금은 다시 이틀 뒤에나 출금할 수 있으며, 각종 우대 조건이나 자금 이체 수수료 등도 따져야 한다. 이런 공모주가 1년에 보통 100여 개가 있으니, 공모주 투자자는 공모주와 함께 살아갈 수밖에 없다. 그만큼 번거롭기도 하다

하지만 단언할 수 있는 것은 지금 우리나라에서 가장 안전하면서 노후 대비 차원에서도 가장 적당한 재테크가 공모주라는 것이다. 물론 주식 투자 실력이 아주 뛰어나면 공모주는 할 필요가 없다. 번거롭고 시간도 많이 들여야 하는데, 뭐 하러 공모주를 하겠는가. 하지만 보통 사람들은 공모주만 한 것이 없다.

간혹 헛발질은 할 수 있겠지만, 꾸준히만 한다면 누구든 돈을 벌 수 있는 영역이다.

2020년 7월에 상장한 SK바이오팜으로 적지 않은 초보 '공린이(공모주+어린이)'들이 재미를 봤고, 이 시장에 뛰어들고 있다. 그런데도 아직 경험해보지 않은 사람이 많다. 필자는 경제 분야를 주로 맡는 기자이다 보니 취재원들을 만날 때마다 SK바이오팜에 청약했느냐고 물어보곤 하는데, 의외로 청약했다는 사람을 찾기가 쉽지 않았다. "어차피 돈이 얼마 없어서요", "생각은 했는데 귀찮아서 안 했습니다", "벌어봐야 얼마나 벌겠어요?"라는 반응이 많았다. 하지만 다시 말하건대, 공모주는 반복적으로 하다 보면 적지 않은 차익이 생긴다.

우리에게 필요한 것은 꾸준함이다. 공모주는 끈기도 필요 없다. 매번 공모주 상장 일정을 체크하고, 괜찮으면 청약하고 아니면 패스하면 될 뿐이다. 하루에 30분만 공모주에 양보하자. 아예 시간을 정해놓고 그 시간은 공모주에 시간을 쓰는 삶을 살아보길 권한다. 그러면 언젠가는 무시할 수 없는 목돈을 만질 수 있을 것이다.

그와 동시에 공모주는 재미있다. 필자는 '주식 투자는 재미있으면 안 된다'는 원칙을 가지고 있다. 재미있으려면 매매를 자주 해야 하는데, 그러다 보면 손실이 늘어날 때가 많기 때문이다. 하지만 공모주는 재미있다. 들어갈까 말까, 언제 팔까, 하는 재미있는 고민을 계속해야 한다. 물론 너무 저렴한 가격에 팔 때는 짜증도 나고, 고민 끝에 들어가지 않은 공모주 수익률이 높게 나온다면 너무 억울하지만, 그래도 비교적 고점에 매도했을 때의 쾌감은 이루 말할 수 없다. 좋은 종목은 매도 수익률이 100% 안팎으로 찍히기도 하는데(공모가 대비 수익률이 잡히니까 당연히 높을 수밖에 없다), 이 숫자 또한 일반적인 주식 투자에서는 쉽게 체험할 수 없기 때문에 계좌를 볼 때마다 마음이 푸근해진다. 이런 소소한 재미를 많은 독자들이 직접 체험했으면 좋겠다.

이 책을 읽는 독자들이 지금이라도 이 시장에 참여하길 바라는 마음에서 글을 쓴다. 좋은 출간 기회를 만들어준 참돌출판사에 감사한다.

차례

공모주의 세계 대해부

공모주 투자, 이것만은 절대 잊지 마라

공모주 실전 노하우

다음
SK바이오팜을
찾아서

1. SK바이오팜
공모주 열풍을 불러일으키다

2020년 여름, 대한민국은 가히 공모주 천하다. 열풍의 주인공
은 단연 SK바이오팜이다. SK바이오팜 대박을 맞은 투자자들뿐
만 아니라, SK바이오팜 대박을 놓친 이들까지 가세해 그야말로
공모주 시장은 역대급 광풍이 불고 있다.

　대기업에 근무하는 A씨는 SK바이오팜 공모주에 청약하려
고 일부러 신혼집 입주일을 조정했다고 한다. 결혼식은 2020년
6월 초에 치렀는데, 각자의 집에서 살다가 새집에는 7월에 입
주하기로 한 것이다. 전세금 잔금을 SK바이오팜 청약일인 6월
22~23일 이후에 치르기 위해서였다.

　"5월쯤이었나? 아내한테 SK바이오팜을 청약하기 위해 새집

에는 7월에나 들어가야 한다고 했더니, '이 사람 참 이상한 사람이다'라는 표정이었어요. 하지만 나중에 계좌 수익률을 보여주니 깜짝 놀라면서 '잘했다. 그런데 우리 아빠한테도 말해주지 그랬어? 아빠도 돈 있을 텐데' 하지 뭡니까? 그냥 허허, 웃고 말았죠."

SK바이오팜 대박이 워낙 강렬했기 때문일까, 2~3일 만에 100만 원을 번 건 명함도 내밀지 못할 정도다. 한 달치 월급을 번 투자자들이 수두룩했고, 억 단위 수익을 거둔 이들도 즐비했다. SK바이오팜은 공모주를 받은 뒤 단기(한 달 이내)에 매도한 사례로는 공모주 역사상 최대 수익률을 냈을 것으로 짐작된다.

어느 정도 높은 수익률을 예상하긴 했지만, SK바이오팜의 수익률은 전문가들의 예상을 가볍게 뛰어넘었다. SK바이오팜처럼 시가총액이 조 단위가 넘어가는 덩치 큰 종목들은 대부분 상장 후 단기간의 상승폭이 크지 않다. 그런데 SK바이오팜은 상장 당일에 너무나 손쉽게 일명 '따상'을 기록했다. 따상은 상장 첫날 공모가의 2배로 시초가가 형성된 후(더블) 상한가를 보이는 것을 뜻하는 주식시장의 은어다.

제대로 달아오른 공모주 시장

대박은 여기에서 그치지 않았다. SK바이오팜은 상장과 동시에 3거래일 연속 상한가, 즉 '따상상상'이라는 놀라운 기록을 남겼다. 공모주 상장 첫날 가격 변동폭이 90~200%로 정해진 뒤 나온 역대 최초 기록으로, 상장 직후 3거래일 만에 공모가 대비 수익률 337.7%를 달성한 것이다. 흥분이 가시지 않은 공모주 열기는 SK바이오팜에 연이어 상장한 소형 공모주에 그대로 옮겨 붙었다. 신도기연, 에이프로 공모주에 투자금이 몰렸고, 경쟁률은 가볍게 1,000 대 1을 넘겼다. 에이프로의 경우엔 무려 1,582 대 1을 기록해서, 증거금 1억을 넣고도 겨우 3주밖에 받지 못했다. 공모가가 21,600원이니 배정 금액은 64,800원이다. 당분간 이런 공모주 열풍은 사라지지 않을 전망이다.

다만 한 가지 조건이 있다면, 'IT 버블'이 꺼진 이후라는 단서를 달아야 한다는 점이다. IT 버블 당시에는 SK바이오팜은 비교도 되지 않는, 말도 안 되는 종목이 많았다.

대표적인 것이 다음커뮤니케이션(다음)이다. "다음? 포털사이트 다음을 말하는 건가요? 거기도 상장돼 있나요?"라고 묻는 사람이 있을 것이다. 그렇다. 포털사이트 다음이고, 지금은 '카카오'라고 불리는 그 회사다. 카카오는 직접 상장하지 않고,

2014년에 다음과 합병하는 형식으로 우회상장했다. 지금 다음이란 사명은 포털사이트의 이름으로만 남아 있다. 카카오라는 큰 회사의 사업 부문으로 남았다고 보면 된다.

다음은 1999년 10월, 186.44 대 1의 청약 경쟁률로 증시에 입성했다. 공모가는 10,000원이었는데, 상장 첫날인 11월 11일 시초가가 11,200원을 기록했다. 12%밖에 오르지 않았다고 할 수도 있지만, 당시는 증시 규정상 공모주라고 해도 12%로 제한돼 있었다. 다음은 연일 상한가를 쳤고, 주가가 20만 원이 넘었던 12월 17일에야 처음 하락했다. 장대음봉(파란색 꼬리가 붙은 것으로, 그날 당일 종가가 시초가보다 많이 하락했다는 의미)이 붙으면서 이제는 하락 전환하는가 싶었으나, 이내 IT 버블을 타고 재차 상승하기 시작했다. 그러다가 이듬해 1월 4일엔 406,500원을 기록했다.

하지만 버블로 인한 신기루는 잠시였다. 버블이 무너지면서 다음은 다시 1만 원대까지 추락했고, 이후로는 5~6만 원대에서 오랜 기간(10년 넘게) 고전하다가 2017년 이후부터 다시 힘을 내기 시작했다. 2020년에 들어서는 코로나 여파를 딛고 역사상 신고가 도전에 나서고 있는데, 최근의 급등은 다음이 아니라 카카오의 경쟁력 때문이다. 아무튼 다음은 카카오에 합병된 이후에야 다시 존재감을 드러내기 시작해서 2020년 8월 4일 한때 384,000원을 기록했고, 상장 직후 최고가가 언뜻 보이는 수준까지 다다랐다.

필자가 직접 공모 참여한 주식 중에도 SK바이오팜만큼 수익률을 안겨준 종목이 있긴 하다. 직접 공모에 참여한 종목 중에는 네이버가 있는데, 사명이 NHN이던 시절인 2002년 10월에 공모 청약을 실시했다. 당시 청약 대금이 1조 7,206억 원이나 몰리면서 505.95 대 1의 경쟁률을 기록했다. 18년 전에 2조 원 가까운 돈이 모집됐으니 상당히 의미 있는 수준의 경쟁률이라고 볼 수 있다.

NHN의 당시 공모가는 22,000원이었다. 2020년 8월 현재 주가가 28~30만 원대이니 겨우 10배 정도 오른 거 아니냐고 할 수 있지만, 여기서 고려할 점이 하나 있다. NHN은 상장 이후 수차례에 걸쳐 주식을 쪼개는 액면분할을 실시했다는 점이다. 주식을 대량으로 쪼개는 액면분할을 감안하면, NHN은 공모가가 732원이었다. 732원인 주식이 현재 30만 원까지 올랐으니 주가는 410배 오른 셈이다. 상장 첫날에라도 100만 원치 사뒀으면 현재 가치는 4억 1,000만 원에 이르는, 한국 증시에서 몇 안 되는 대박 주식이다.

자, 과거의 이야기는 이쯤에서 접어두고 다시 2020년 현재로 돌아오자. SK바이오팜 또한 분명히 역사상 기록에 남을 만한 종목이다.

2020년 6월, 공모 청약을 실시한 SK바이오팜은 청약 경쟁률이 323 대 1을 기록했다. 청약 대금이 31조 원이나 몰렸는데 경쟁률이 낮았던 이유는 그만큼 기업의 규모가 컸기 때문이다. SK바이오팜은 공모가 49,000원을 기준으로도 예상 시가총액이 3조 8,373억 원에 달했다. 공모가만으로도 시가총액이 4조 원에 육박했던 것이다. 그런 판국에 적정 시가총액이 많게는 20조 원에 달할 것이란 전망이 속출하니, 투자자들이 몰릴 수밖에 없었다.

우리나라 주식시장에서 가격 제한폭이 ±30%로 바뀐 건 2015년 6월 15일이다. 그 이후 유가증권시장(KOSPI)에서 신규 상장기업이 따상을 기록한 적은 두 번뿐인데, 재미있게도 모두 SK그룹 계열사다. 2015년에 상장한 SK D&D가 첫 번째 주인공이고, 이번 공모주 열풍의 중심인 2020년 7월 2일에 상장한 SK바이오팜이 두 번째다.

공모주 청약에는 기업의 규모도 무척 중요하다. 참고로 2020년 7월 27~28일 청약을 실시한 피부 미용 의료기기 업체 '이루다'는 공모 규모가 139억 원 정도이다 보니, 청약에 2조 원만 들어와도 경쟁률이 1,500 대 1에 육박하는 상황이었다. 그런데 실제로는 4조 원이 몰리면서 3039.56 대 1의 경쟁률을 기록했다. 뒤이어 8월 5~6일 청약을 받은 소셜 카지노업체 미투젠은 '언택트 특수'마저 누리면서 총 8조 7,000억 원이 몰렸다. 필자가 기억하는 한, 중소기업 중에서 8조 원대의 공모 청약 자금을 끌어모은 기업은 미투젠이 유일하다. 경쟁률이 높으면 그만큼 주식을 덜 받기 때문에 청약 경쟁률이 중요하다. 그렇기 때문에 덩치가 크면서도(경쟁률이 낮을 수밖에 없으면서도) 향후 주가 움직임이 특별할 종목을 발굴해야 한다.

2014년에 상장한 삼성SDS와 제일모직(현 삼성물산)도 SK바이오팜과 같은 이유로 주목을 받았다. 제일모직은 30조 649억 원이 몰렸는데, 기업의 규모 자체가 크다 보니 경쟁률은 194.9 대 1에 그쳤다. 삼성SDS 또한 15조 552억 원이 몰렸는데 경쟁률은 134 대 1로 비교적 높지 않았다.

다년간의 경험으로 짐작해볼 때, 시중에서 공모주로 유입되는 종목은 30조 원 정도로 제한되는가 보다. 속칭 '영끌(영혼까지 끌어모으는)' 할 수 있는 자금 규모가 30조 원을 조금 넘는 수준에 그치는 것이다. 제일모직에 이어 SK바이오팜도 30조 원을 조달하는 데 그친 것을 보면 말이다. 물론 뒤에서 소개할 대형 바이오주는 더 많은 자금을 끌어들일 것 같긴 하지만, 그렇다고는 해도 100조, 200조 원 수준으로 몰릴 것 같지는 않다. 그렇기 때문에 앞으로 대형 바이오주에 주목해야 한다. 시중에서 조달되는 자금은 한계가 있고, 그렇기에 비교적 많은 주식을 받을 수 있기 때문이다.

달콤했던 SK바이오팜의 수익

SK바이오팜으로 도대체 얼마나 번 것일까? 앞에서 SK바이오팜은 청약 경쟁률이 323 대 1을 기록했다고 말했다. 자금 1억 원을 투자했다고 하면, 323 대 1의 경쟁률을 감안하면 12주의 주식을 받는다. 1억 원을 49,000원으로 나누고, 323으로 다시 나누면 그렇다. 6주를 받는 것이 아니냐고 할 수 있는데, 공모주 청약에는 증거금률이라는 게 있어서 50%만 납부하면 된다. 그러니 1억 원을 넣으면 2억 원어치 주식이 청약되는 셈이다. 즉, 1억 원을 청약하면 12주를 받을 수 있다.

주변 사람들에게 SK바이오팜을 언제 팔았느냐고 물어보니, 보통은 사흘째 상한가를 쳤던 7월 6일 매도한 사람이 많았다. 이 당시 가격이 214,500원이다. 49,000원에 사서(공모주를 받아서) 214,500원에 팔았으니 주당 165,500원을 남긴 셈이다.

이는 주식 매도 수수료와 세금 등을 제외한 수치인데, 필자의 경우에는 164,933원이 남았다. 정확한 금액은 각 증권사의 수수료 정책에 따라 다르니, 이 점은 넘어가자. 그러니 1억 원을 투자했다면 12주를 받았을 테고, 이 경우 1,986,000원의 차익을 남겼을 것이다. 누군가에게는 한 달치 월급 정도의 금액이니 결코 적지 않은 수익이다.

1억 원으로 1,986,000원을 벌었으면 전체 수익률은 1.986%인 셈이다. 고작 2%도 안 되는 돈을 벌었으면서 그렇게 자랑하느냐고 할 수도 있다. 하지만 생각해보라. 돈이 묶인 것은 2020년 6월 23~25일, 단 사흘에 불과했다. (공모주는 청약 대금을 2~4일 후 환불할 때가 많다.) 사흘 동안 돈이 묶였을 뿐인데 은행 이자보다 많은 수익을 거뒀다. 1억 원을 연 5% 이자를 지급하고 대출했다고 해도, 사흘이면 이자율이 0.014%에 그친다. 1억 원을 빌리면 사흘치 이자는 41,000원이다(연 5% 이자율 감안 시). 41,000원을 들여 198만 원을 벌었으면 적지 않은 수익률이다. 그리고 이런 매매가 몇 번 반복되면, 다 합해서 적지 않은 수익이 발생한다.

이 수익이 적다고 생각한다면 이 책은 여기서 덮는 게 낫다. 그렇게 조금 벌겠다고 공모주에 투자하느라 신경 쓰기 싫다는 사람은 공모주 투자에 맞지 않는 사람이다. 개인적으로는 그렇게 생각할 수도 있다고 본다. 공모주 투자는 번거로운 것이 사실이니까 말이다. 하지만 이런 식으로 꾸준히 벌고 싶은 사람이라면, 그것도 손실 볼 위험을 통제하면서 꾸준히 벌고 싶다면, 이 책에 주목하라. 공모주는 대박을 쳐도 한계가 있다. 대박인 종목은 나만 아는 게 아니라 너나 할 것 없이 달려들기 때문에 자연스레 중박, 소박으로 줄어든다. 하지만 앞에 언급했듯이 꾸준히, 인내심을 가지고 버릇처럼 계속한다면 언젠가는 분명히 큰 수익을 안겨줄 것이다. 적게 꾸준히 버는 것, 그것이 바로 공모주의 매력이다.

2. 깨질 줄 모르는
공모주 열풍

2020년 6~7월만 보면, SK바이오팜의 열풍 탓인지 공모주 청약 경쟁률이 이례적으로 높았다. 공모주 청약 경쟁률을 따로 취합하는 기관이 없어서 정확한 순위 정보는 알 수 없지만, 개인적으로 조사한 바에 따르면 6~7월에 이어진 높은 청약 경쟁률은 전례가 없었다. 사상 최고 경쟁률 1, 2, 3위가 이때 세워졌다. 전례조차 없지만, 그나마 비교해볼 만한 사례를 꼽아도 지난 17년간 2번 정도에 불과했다.

가장 가까운 사례가 11년 전인 2009년이었다. 2009년 어보브반도체는 청약 경쟁률이 1,719.74 대 1에 달했는데, 그 이전에는 2003년 12월에 기록한 토필드의 청약 경쟁률이 1,793.05 대 1로 가장 높았다. 그보다 전에 더 높은 청약 경쟁률을 기록한 기업이 없지는 않을 것 같은데, 자료 부족으로 확인되지 않았다. 아무튼 2,000 대 1 이상은 없었던 것으로 보인다.

역대급 경쟁률을 기록하고 있는 2020년

어쨌거나 과거 기록은 확인할 필요가 없다. 2020년 7월 27~28일에 청약을 실시한 이루다가 사상 최고 경쟁률 기록을 세웠으니 말이다. 이루다 상장을 주관한 미래에셋대우에 따르면, 최종 경쟁률은 3,039.56 대 1로, 단숨에 3,000 대 1이 넘는 신기록을 세웠다. 이루다뿐만이 아니다. 뒤이어 청약을 받은 한국파마는 미래에셋대우 계좌 기준으로 2,230.24 대 1의 경쟁률을 보였다. SK증권까지 포함하면 전체 경쟁률은 2,035.74 대 1을 기록했다. 이루다에 이은 역대 2위 기록이다.

2003년과 2009년, 2020년 8월 기준으로 최근 17년 동안 2번 밖에 없었던 1,700 대 1에 육박한 경쟁률도 2020년 6월 이후로는 꽤 나타나고 있다. 아니, 한국파마는 역대 2위 기록이었다.

한국파마의 기록은 불과 5일 만에 깨졌다. 그다음 주인 8월 3~4일 청약을 받은 영림원소프트랩은 청약 경쟁률이 2,493.57 대 1을 기록, 한국파마를 3위로 밀어냈다.

2차 전지 업체인 에이프로와 티에스아이는 각각 7월 8~9일, 13~14일에 청약을 실시했는데, 경쟁률이 1,582 대 1과 1,621 대 1을 기록했다. 앞서 엘이티도 6월 11~12일에 청약을 받아 1,552 대 1을 기록했었다.

앞에서 짧게 언급했듯이, 공모주 투자자 입장에서 경쟁률이 너무 높아지는 건 좋은 소식이 아니다. 그만큼 경쟁이 치열해지면 적은 물량을 받을 수밖에 없기 때문이다. 공모주 열풍이 이처럼 뜨거운 이유는 무엇일까?

공모주 시장을 달군 저금리

공모주가 뜨거운 이유는 일단 저금리로 인해 갈 곳을 잃은 돈이 많기 때문이다. 코로나 이후 각국의 중앙은행은 기준금리를 최대한 낮추고 있다. 미국의 연방준비제도이사회는 2020년 3월 3일과 15일, 두 차례에 걸쳐 금리를 각각 1%p, 0.5%p 낮췄다. 이로 인해 금리는 연 0.25%로, 사실상 제로금리가 됐다. 한국 또한 3월 16일 0.5%p 내렸고, 5월 28일 0.25%를 추가 인하해 1.25%에서 0.5%로 떨어졌다.

그래도 우리나라는 양호한 편이다. 브라질은 가장 극적인 흐름을 보였는데, 2016년 9월만 해도 기준금리가 14.25%였으나,

2020년 6월엔 2.25%까지 떨어졌다. 브라질은 이제는 더는 안 떨어지리라는 예상이 오는 순간 파격적으로 금리를 더욱 낮추는 행보를 보이고 있다.

이런 판국이니 돈이 갈 곳을 찾지 못하고 헤맬 수밖에 없다. 특히 우리나라의 경우는 더 심하다. 부동산은 정부 정책으로 억눌리고 있고, 주식시장에서는 소위 '동학개미운동'이라는 투자 열풍이 불고 있지만 시중 유동자금을 감안하면 규모가 작다 보니 한계가 있다. 2018~2019년에 이어 사모펀드 부실 사태는 계속 확산되고 있어 자금이 흘러갈 곳이 없다.

공모주가 인기를 끄는 이유가 있다면, 바로 세금이다. 우리나라에서는 은행 예·적금 이자나 배당금, 주가연계증권(ELS) 수익금 등의 1년 이익이 2,000만 원을 넘으면 금융소득종합과세 대상자가 되어 추가로 세금을 납부해야 한다. 금융 소득이 2,000만 원을 초과할 경우 초과 금액에 대해 근로소득과 사업소득, 부동산임대소득 등 다른 종합소득과 합산해 6~38%의 누진세율로 종합과세한다. 금융소득종합과세 대상자가 직장인이라면, 직장소득과 금융소득을 합쳐 추가로 종합과세를 내야 하는 문제가 발생한다.

직장인이 아니라도 문제는 발생하는데, 대표적인 것이 건강보험료다. 금융소득이 4,000만 원을 초과하면 건강보험 피부양자 자격이 상실되고, 지역가입자로 전환된다. 직장인 또한 근로소득 외 종합소득이 7,200만 원을 넘으면 종합소득금액에 대해 연 2.9%의 건강보험료를 추가로 납부해야 한다.

세금 부담을 덜어주는 공모주

그런데 공모주는 이런 부담에서 자유롭다. 기본적으로 공모주 차익 매매는 주식 매매에 해당하다 보니 0.25%의 거래세를 제외하고는 따로 과세 부담이 없다. 그래서 수십억, 수백억 원이 넘는 돈을 은행에 넣어두지 않고 매번 공모주로만 매매하는 자산가도 있다. 이들은 자녀와 손자·손녀의 명의로 계좌를 만들어 최대한으로 넣고, 이후 주식을 배정받으면 한 계좌로 합친 후 매도하여 현금화하는 불법적인 방법도 쓰고는 한다.

그러나 변수가 하나 있다. 정부가 공모주 시장을 탐탁지 않게 보고 있다는 점이다. 이를테면, 공모주 이익 또한 2023년부터는 새로 신설되는 금융 투자 소득세의 대상이 된다. 당초 2,000만 원까지만 비과세하기로 했다가, 공제액이 5,000만 원으로 확대되었다. 단, 아직 확정은 아니므로 그때 다시 대비하면 될 듯하다.

공모주 시장을 비롯한 금융시장이 과열되는 데는 재난지원금이 한몫했다는 평가도 나온다. 4인 가족당 100만 원씩 지급되었는데, 그 정도 규모 때문에 시장이 움직인다는 게 말이 되지 않는다는 사람도 있겠지만, 시장은 원래 작은 트리거(방아쇠)로도 움직일 때가 있다. 그러므로 전혀 불가능한 진단이라고 할 수는 없다.

재난지원금은 총 14조 2,448억 원이 풀렸다. 이 가운데 절반가량은 과소비로 이어졌다고 해도, 약 7조 원은 원래 쓰려던 생활비를 아낀 것이라고 추정할 수 있다. 재난지원금은 특히 6월에 많이 풀려서, 소진 시기를 특정하고 뿌린 만큼 6월 한 달은 재난지원금 덕에 생활비를 아낀 가계가 많았다. 때마침 코로나19를 타고 금융시장 활황이 주목받던 때라, 이 당시 개인 투자자의 매수 자금의 상당액은 사실상 재난지원금이었을 것이란 추측이 나온 것이다. 특히 그달에 SK바이오팜 청약이 있었던 만큼, 일부는 SK바이오팜을 비롯한 공모주 시장으로 흘러들었으리라고 예측할 수 있다.

어찌 됐든 돈에 꼬리표가 붙어 있는 것은 아니기 때문에, 이곳저곳에 떠도는 유동성이 알게 모르게 금융시장에 영향을 미친다. 부동산을 그렇게 억누르는데도 계속 꿈틀대는 데는 이유가 있다. 공모주 시장 또한 당분간 괜찮을 가능성이 높다.

3. 다음 대박을 위하여

마이크로소프트 창업자이자 빌&멜린다 게이츠 재단의 이사장
인 빌 게이츠가 2020년 7월 20일 우리나라 문재인 대통령에게
"코로나19에 대한 한국의 대응에 감명받았다"는 서한을 보냈
다. 빌 게이츠는 "한국이 훌륭한 방역과 함께 백신 개발의 선두
에 있다"면서 "게이츠 재단이 지원한 SK바이오사이언스가 백
신 개발에 성공하면 2021년 6월부터 2억 개의 백신을 생산할
수 있을 것"으로 예상했다.

  빌 게이츠가 이러한 내용의 서신을 보냈다는 사실이 알려지
면서 국내의 백신주가 급등했는데, 이는 공모주와는 상관없으
니 논외로 하자. 그보다는 빌 게이츠가 언급한 SK바이오사이언

스를 살펴봐야 할 것이다.

초미의 관심사, SK바이오사이언스

분명히 언급하자면, SK바이오사이언스는 필자가 언급한 SK 바이오팜과는 다른 회사다. SK바이오사이언스는 2018년 7월 SK케미칼에서 분사한 백신 전문 기업으로, 2020년 5월 게이츠 재단에서 360만 달러(약 43억 원) 규모의 연구개발비를 지원받았다. SK바이오사이언스는 2월부터 코로나19 백신 개발을 추진해왔는데, 이 책이 출간될 즈음인 2020년 9월에는 임상실험에 나설 예정이다.

여담이지만, SK바이오사이언스는 SK바이오팜과 주인이 다르다. SK바이오사이언스 최대 주주는 SK케미칼이며, SK케미칼의 최대 주주는 SK디스커버리다. 그리고 SK디스커버리의 오너가 최태원 회장과 사촌지간인 최창원 부회장이다. 최창원 부회장은 1973년 타계한 최종건 전 SK그룹 회장의 3남이며, 최태원 회장은 최종건 전 회장의 동생인 최종현 전 SK그룹 회장의 장남이다. 최창원 부회장은 SK디스커버리의 지분을 40% 보유하고 있고, SK디스커버리가 SK케미칼의 지분을 33.47%, 그리고 SK케미칼이 SK바이오사이언스의 지분을 98.04% 보유하고 있다. 중요한 점은, SK바이오사이언스는 이르면 2021년 상반기 중 상장할 계획이라는 것이다. 코로나19를 통해 존재감을 입증했기 때문에 지금 상장하면 몸값을 제대로 받을 수 있기 때문이다.

필자는 SK바이오사이언스가 SK바이오팜과 사명이 비슷한 데다, 오너가 사촌지간이라는 데 주목한다. 사촌인 최태원 회장의 SK바이오팜은 비교적 낮은 공모가를 책정하고 수많은 개인 투자자들에게 이익을 주었다. 최창원 부회장의 속내가 무엇인지는 몰라도, 높은 공모가를 욕심내다가 사촌과 비교되는 장면은 피하려 할 공산이 크다. SK바이오사이언스가 높은 공모가를 고집했다가 상장 직후 추락하기라도 하면, 최태원 회장의 SK바이오팜과 비교하면서 최창원 부회장을 질책하는 기사가 수도 없이 쏟아질 것이다. 그러므로 자존심이 무너지는 상황을 용납하지는 않을 것이다. 필자는 SK바이오팜 사례로 인해 대기업 공모 때마다 재벌가가 사회 환원 차원에서 낮은 공모가를 수락하는 일이 반복될 것이라고 믿는다.

대기업 대형주를 주목해야 하는 이유

그 이전에 제일모직이나 삼성SDS도 마찬가지였다. 이재용 삼성전자 부회장이 지분을 보유한 회사이기 때문에 공모가를 높게 내세웠다가 역풍을 피하려고 동분서주했다. 사드 보복 국면이 전개되고 국정 농단 사태가 터지면서 무산됐지만, 면세점 덕에 엄청난 이익을 내던 호텔롯데도 2017년 상반기에 예정대로 공모 청약을 실시했다면 비교적 저렴하게 청약을 받았을 것이다.

대형주는 아직 많이 남아 있다. SK바이오사이언스처럼 의약품을 위탁 생산하는 SK팜테코도 있고(이 회사는 최태원 회장 쪽의 기업이다), 혈액 제재 업체 SK플라즈마가 있다. 삼성그룹에도 삼성바이오에피스라는 굵직한 바이오 기업이 남아 있다. 삼성바이오로직스의 자회사인데, 삼성바이오로직스는 회계 부정을 일으켜 가치를 뻥튀기했다는 의혹을 받고 있는 바로 그 기업이다. 삼성과 미국 바이오젠이 공동으로 소유하고 있으며, 몇 년 안에는 상장을 추진하지 않을까 생각한다.

2020년 하반기 기대주들

2020년 하반기에 상장할 예정인 기업으로는 카카오게임즈와 빅히트엔터테인먼트가 있다. 두 회사 모두 굳이 설명이 필요 없는 기업이다. 카카오게임즈는 카카오톡이란 플랫폼으로 게임 사업을 하고 있고, 빅히트엔터테인먼트는 월드 스타인 방탄소년단 (BTS)을 보유한 기업이다. 이외에도 카카오페이지와 SK매직, HK이노엔(옛 CJ헬스케어) 등이 공모시장에 나설 것으로 예측 되고 있다. 카카오뱅크와 현대카드도 2019년만 해도 2020년 상 장설이 유력했으나, 2020년 8월 현재까지 조용한 것을 보니 상 장을 뒤로 미룬 느낌이다. 당장 주목할 만한 기업은 카카오게임 즈다. 카카오게임즈는 8월 3일 증권신고서를 제출하고 9월 중 상장하겠다는 의사를 밝혔다. 카카오게임즈는 고성장하고 있다. 2016년 매출은 1,000억 원대에 불과했지만, 2019년엔 3,910억 원으로 빠르게 늘었다. 다음·카카오 플랫폼을 활용할 수 있다는 장점이 확실하고, 카카오VX 등 자회사로 게임 외 콘텐츠로 확 장성을 지녔다는 점을 눈여겨볼만하다.

하지만 더 중요한 것은 가격이다. 카카오게임즈는 공모가로 20,000~24,000원을 제시했다. 카카오게임즈가 장외에서 주당 60,000원대에 거래되고 있는 점에 미뤄볼 때 할인됐다는 평가 다. 카카오는 IPO를 준비하고 있는 계열사가 많아 흥행 열기를 이어가고자 공모가를 양보했다는 평가를 받고 있다.

그러나 필자는 이름이 널리 알려진 카카오게임즈, 빅히트엔 터테인먼트와 같은 기업보다는 무명의 기업이 더 많은 수익을 안겨줄 것이라고 본다.

신영증권은 7월 16일 발간한 보고서에서 2020년 하반기에 총 60여 개 종목이 상장할 것이라고 관측했다. 2020년 상반기는 이래저래 좋은 종목이 많았으나 전체적으로 보면 부진했다. 일단, 상장 종목 자체가 적었다. 유가증권시장은 SK바이오팜을 제외하고는 한 종목도 상장하지 않았고, 코스닥시장 상장 종목 수도 12개였으며, 공모 금액도 4,000억 원에 그쳤다. 총 공모 규모는 2014년 이후 가장 적은 수준이었는데, 상반기 때 미뤄진 종목 중 상당수는 연말에 상장할 것으로 추정된다.

필자는 경험상 투자금액의 0.2% 정도 수익을 남기는 때가 많았다. 1억 원을 공모 청약에 넣으면 이로 인해 약 20만 원 정도의 수익을 거두는 셈이다. 신영증권의 추산대로 2020년 하반기에만 60여 개 종목이 상장한다면, 그중 절반은 거른다고 쳤을 때 30개 종목으로 총 6%를 남길 것이라고 추산할 수 있다. 6%는 결코 적은 돈이 아니며, 자금 운용 전략을 잘 짠다면 얼마든지 추가 수익을 남길 수 있다. 매매를 잘해야 한다는 얘기가 아니다. 대출부터 시작해서 우대 조건 충족까지, 전방위에 걸쳐서 조건을 최대한 맞추면 어렵지 않게 초과 수익을 낼 수 있다는 사실을 강조하고 싶은 것이다.

4. 겁먹을 필요 없는 공모주 대출

일본 작가 오쿠다 히데오는 소설 《남쪽으로 튀어!》에서 무정부주의자(아나키스트)인 아버지의 입을 빌려 "학교에서 가르친답시고 하는 교육이란 정부가 다루기 쉬운 사람을 만드는 과정"이라고 단언한다. 작가의 말에 100% 동의할 수는 없지만, 그래도 교육의 상당 부분이 그렇다는 것을 필자 또한 공감한다. 대표적인 것이 바로 주식이나 대출 등에 대한 생각이다.

중고등학교 교과서를 뒤적이다 보면, 은근히 자본시장이나 대출 등에 대해 부정적인 기류가 읽힌다. 교과서의 의도는 명확한데, 사고치지 않는 어른이 되라는 것이다. 대출을 일으키고 빚을 상환하지 않으면 큰 곤욕을 치르게 될 것이라는 경고도 읽힌다. 이런 반복적인 교육으로 우리는 대출을 두려워하고, 되도록 대출을 받지 말자는 생각이 뿌리 깊게 박히게 된다.

하지만 대출을 너무 무서워할 필요는 없다. 자본주의의 역사는 대출 등 레버리지를 일으켜 성장하는 역사였다. 처음에는 단순 대출이었으나 동인도회사 등을 거쳐 자본 형태로 점점 다변화됐다. 우리가 지금 사는 사회는 자본주의 사회다. '자본'을 일으켜 성장을 추구하는 사회다. 노동으로 번 돈으로만 살 수 있으면 노동주의 사회라고 불렸을 것이다. 대출이 없었더라면 우리는 아직 중세 시대를 벗어나지 못했을 것이다. 대출을 하지 않았더라면 서구 열강은 아시아에 진출할 수 없었고, 삼성·현대 등 굵직한 대기업도 등장할 수 없었다.

아파트를 살 때 빚에 대한 본인의 생각을 확실히 알 수 있다. 빚을 무서워하는지, 아니면 극복해낼 수 있는지, 아파트를 매수하는 과정에서 확연히 드러난다. 필자가 아는 무주택자 중 최소 절반은 빚에 대한 두려움 때문에 집을 사지 못한다. 대출에 대한 부담은 누구나 클 수밖에 없는데, "아파트를 살 때 최소 30년 만기 대출을 받으라고 하는데, 30년 뒤면 제가 70살입니다. 어떻게 빚을 낼 수 있겠어요?"라면서 유독 두려워하는 사람이 있다. 이런 사람은 되도록 대출을 받지 않고 '착실하게' 살라는 정부 교육이 확실히 먹힌 경우다. 이런 대답을 하는 사람은 대체로 성실한 사람일 때가 많다. (물론 빚을 많이 낸다고 불성실하다는 의미는 아니다.)

걱정하지 않아도 되는 공모주 대출

특히 더 안 무서워해도 되는 대출이 있는데, 바로 공모주 투자자를 위한 대출이다. 공모주 투자 대출은 금액이 억 단위라고 하더라도 무서워할 필요가 없다.

이번에도 SK바이오팜으로 예를 들어보겠다.

SK바이오팜은 청약 경쟁률이 323 대 1을 기록했다. 만약 1억 원을 대출받아 청약했다면, 60만 원어치(증거금률 50% 반영 시) 주식을 받는 셈이다. 이렇게 보면 우리는 고작 60만 원을 대출받았을 뿐이다. 9,940만 원은 빌린 지 이틀 만에 갚았고, 불과 60만 원의 빚만 남겨둔 셈이다. 이렇게 60만 원치 주식인데, 1억 원을 대출받았다면서 두려워할 필요가 없는 것이다. 다시 말하지만, 1억 원 대출이 아니라 60만 원 대출일 뿐이다.

1,000 대 1을 기록하는 대부분 중소기업 공모주라면 대출금은 사실상 10~20만 원으로 줄어든다. 이런 경우를 생각해보면 굳이 대출을 무서워하지 않아도 된다는 것을 알 수 있다. 아니면

아예 경쟁률 기준으로 대출을 받을지 말지 결정하는 것도 방법이다. 대기업은 경쟁률 100 대 1, 중소기업은 경쟁률 1,000 대 1 이상일 때만 대출을 받는다고 하면 대출에 대한 공포감을 그런대로 가라앉힐 수 있다.

사실 필자도 안다. '빌리고 나서 갚기 어려우면 어떡하지?' 하는 불안이나, '대출 이자가 계산한 것보다 많이 붙으면 어떡하지?'와 같은 근원적인 공포감이 의외로 자주 든다. 필자 또한 오랜만에 공모주를 하거나 익숙하지 않은 증권사에서 대출을 받을 때, 카드론이나 저축은행 마이너스 통장 대출을 받을 때는 은근한 공포감을 느꼈다. 대출에 대한 불안은 누구나 느끼니, 초보자는 더 심할 수밖에 없는 것이 사실이다. 대출을 못 갚아서 아예 파산해버릴 것만 같은 얼토당토않은 공포감마저 들 때도 많다.

필자는 주식 담보 대출을 받았다가 상환하지 않고 예수금으로 남겨둔 적이 있다. 여러 증권사 계좌를 여러 개 쓰다 보니 헷갈렸던 것인데, 스스로가 바보 같다는 생각에 망연자실할 수밖에 없었다. 하지만 이런 실수는 대출을 일으키는 사람이라면 누구나 겪을 수 있고, 이런 사고는 감내해야만 한다. 주택담보 대출을 받는 사람들 또한 대출 이자를 미리 은행에 입금해두지 않는 실수를 저지르는 경우가 간혹 있다. 은행에 돈을 넣어놔봐야 이자 이득이 없기 때문에 평상시에는 비워놓다 보니 저지르는 실수인데, 초과 이익을 누리는 사람이라면 충분히 일어날 수 있는 사고다. 이런 사고를 치더라도, 그래도 위축되지 말고 되도록 더 많은 이익을 내기 위해 대출을 늘리면서 공격적으로 나서야 한다.

5. 지금 당장
   공모주 투자 시작하라

여전히 많은 이들이 공모주를 모르고 있다. 공모주는커녕 주식 투자도 모르는데, 괜히 욕심내다가 망하는 건 아닐까? 정말 공모주 투자는 안전할까? 누구나 쉽게 수익을 올릴 수 있다고 하는데, 도대체 뭐부터 시작해야 하는지 갈피를 잡지 못한다.

공모주란 말 자체가 딱딱하고 어려운 데다, 주관사, 청약 경쟁률 등등 들으면 들을수록 모르는 단어의 연속이다. 가장 압권은 기업분석이다. 공모기업에 대한 분석이랍시고 뉴스와 정보는 차고 넘치는데, 도대체 어떤 걸 봐야 하는지, 봐도 무슨 소린지 알 수 없는 경우가 허다하다. 이렇게 알 수 없는 단어의 홍수 속에서 헤엄치다가 시작도 전에 투자를 포기하고 만다.

결론부터 말하자면, 대다수 공모주 투자자들에게 기업분석은 필요 없다. 무슨 뚱딴지같은 소리인지 이해가 가지 않을 것이다. 기업분석도 하지 않고 투자를 하란 말인가? 그러나 필자 역시 기업분석은 거의 하지 않으며, 그렇게 투자하고도 충분히 수익을 올리고 있다.

솔직히 기업분석은 웬만한 사람이 할 수 없다. 기업분석에 대한 내용만으로도 책 몇 권은 써야 할 판이고, 제대로 기업분석을 하려면 몇 년간 공부해도 모자랄 것이다. 이는 수지 타산이 맞지 않기도 하다. 앞에서 말했듯이 공모주 투자는 대부분 많아야 수십, 수백만 원어치 주식만 가져가게 된다. 수십만 원어치 주식을 투자하면서 그 기업을 속속들이 알 필요는 없다. 주변의 열기를 느끼고, 그에 맞게 매도 시점만 잡으면 된다.

물론 아무 기업이나 투자하라는 얘기는 아니다 기업분석은 뛰어난 전문가들에게 맡기고 그들의 해석만 잘 새겨들으면 된다. 많을 필요도 없다. 서너 명이면 충분하다. 그런 전문가는 누구인지, 어떻게 해석을 들을 수 있는지 곧 설명하겠다.

그럼 필자를 믿고 진짜 공모주의 세계로 뛰어들어보자.

공모주의 세계
대해부

1. 공모주란?

기업이 유가증권시장이나 코스닥시장에 상장할 때 '공모'를 한
다. 말 그대로 '공개적으로 외부에서 자금을 모집'하는 것을 말
한다. 상장을 앞두고 불특정 다수에게 주식을 분산하는 과정이
라고 보면 된다.

일례로, 교촌치킨으로 유명한 교촌F&B는 2020년 8월 현재
상장 예비 심사 절차를 밟고 있는데, 권원강 전 회장이 지분의
95.6%를 보유하고 있다. 이 회사가 공모 절차 없이 상장한다면,
권 회장이 장내에서 주식을 팔아야 매매가 시작될 것이다. 시장
이 형성되려면 팔겠다는 사람이 있어야 하는데, 권 회장 외에는
주식을 팔 수 있는 사람이 없기 때문이다. 공모라는 절차는 그

런 의미에서 적정가를 찾기 위한 과정이라고도 생각할 수 있다.

누구나 공평하게 참여할 수 있는 공모주 청약

개인이 공모주를 사는 것을 '청약'에 참여한다고 표현한다. 부동산만 아는 독자들이라면 청약이라고 하면 '로또 청약' 등 당첨자가 모두 먹는 방식이 익숙할 것이다. 아파트 청약은 100대 1의 경쟁률이라면 100명 중 단 한 명만이 아파트 당첨의 기회를 가져간다. 나머지 99명은 손가락을 빨 뿐이다. 때로는 단한 명이 수억 원의 차익을 내기도 하므로 이를 로또에 비유할 정도다. 하지만 공모주는 다르다. 한 명이 모두 갖는 것이 아니라, 공모에 참여한 100명이 똑같이 주식을 나누어 갖는다. 훨씬 공평하다고 볼 수 있다.

추가로 설명하자면, 공모는 구주 매출과 신주 매출로 나눌수 있다. 구주 매출이란 기존에 주식을 보유하고 있는 사람이 자신의 주식을 공모 과정에서 파는 것이다. 교촌의 경우라면, 주식을 가지고 있는 권 회장이 주식의 일부를 공모 과정에서 파는 것인데, 권 회장은 공모가로 팔린 주식 일부를 차익 실현할 수 있다. 만약 보유 지분 중 10%를 공모 과정에서 내놓는다면, 권 회장 지분율은 80%대로 떨어지고 나머지 지분은 공모가를 지불하고 개인이 가져갈 것이다. (권 회장이 실제로 구주 매출을 결심한 것은 아니다. 예를 든 것뿐이다.)

반면 신주 매출은 새로 주식을 찍어서 파는 것이다. 교촌 F&B의 최대 주주나 주요 주주가 기존에 가지고 있던 주식을 파는 것이 아니라, 신규로 찍어낸 뒤 공모주 투자자들에게 매도하는 것을 말한다. 신주 매출은 구주 매출과 결정적으로 다른 점이 있다. 신주 매출을 하면 주식을 발행하는 주체가 교촌 F&B이기 때문에 공모주 발행으로 들어오는 현금(공모 참여금)을 교촌F&B가 가져간다는 점이다. 구주 매출일 때는 당연히 주식의 원소유자인 최대 주주나 주요 주주가 대금을 챙긴다. 신주 매출을 해야만 회사로도 자금이 유입되고(상장의 주요 목적 중 하나는 투자 자금 조달이다) 그 자금으로 새로운 성장 동력을 얻을 수 있기 때문에, 대개는 신주 매출이 공모주 투자자에게 유리한 것으로 알려져 있다.

구주보다 신주 매출이 많은 종목이 낫다

공모주 투자자들이 신주 매출을 좋아하는 이유는, 구주 매출은 상장기업의 최대 주주가 추가 성장에 자신감이 없는 것으로 보일 때가 많기 때문이다. 최대 주주는 기업 주가가 잘 오를 것 같으면 굳이 팔지 않을 것이다. 그러므로 구주 매출을 실시하는 기업에는 '오죽 자신이 없으면 상장 당시에 주식을 팔아버리겠느냐'며 의혹의 시선을 보내는 투자자들이 많다. 더구나 구주 매출을 실시하면 공모가에 따라 최대 주주의 수익 또한 변하기 때문에, 구주 매출을 하면서 최대 주주들이 공모가를 과하게 높이려 할 것이라고 의심한다.

실제로도 그렇다고 한다. 필자가 만나본 증권사의 IPO 담당자들은 "구주 매출을 실시할 때는 최대 주주가 공모가에 무척 많이 신경 씁니다. 공모가는 공모가 밴드에 따라 20~50%는 변하기 마련인데, 기업의 규모에 따라 수억, 수십억 원이 왔다 갔다 하니 되도록이면 비싸게 공모가를 책정하려고 하는 거죠. 굳이 따지면 구주 매출은 악재라고 할 수 있습니다."

상장 절차에서 눈여겨봐야 할 것들

다음은 상장 절차를 살펴보자. 기업이 상장을 원하면 일단 대표 주관 회사를 선정해야 한다. 이 과정까지 가려면 전담팀을 구성한 뒤 정관 정비, 명의개서대행계약 체결, 우리사주조합 결성 등의 절차를 거쳐야 하는데, 공모주 투자자들은 물론, 회사 측 관계자라고 하더라도 모든 단계를 알 필요는 없다. 회사의

미흡한 부분은 대표 주관사(증권사)가 관리해주기 때문이다. 상장 주관사 또한 성과가 중요하기 때문에 아무 기업이나 상장을 추진하지 않으며, 오너의 성향이나 기업의 성장 가능성, 내부 통제 정도, 회계 적정성 여부를 종합적으로 고려해 상장 작업을 진행할지 말지를 결정한다.

이후 대표 주관사의 도움 아래 한국거래소에 상장 예비 심사를 제출하는데, 예심을 통과한다면 제일 중요한 작업은 끝났다고 볼 수 있다. 이후 증권신고서를 준비해 제출해야 하는데(이 자료를 근거로 개인 투자자나 기관 모두 상장에 참여할지 말지를 결정한다), 이 단계에서 좌초되는 경우는 거의 없다고 볼 수 있다. 예심을 통과한 이후 6개월 내에 증권신고서를 제출해야 하며, 제출하지 않으면 다시 예심을 받아야 한다. 하지만 이 단계에서는 금융위기 같은 것이 발생하지 않는다면 대부분 증권신고서를 제출한다.

꼭 챙겨야 하는 수요 예측과 의무보유확약 비율

또 하나의 고비가 바로 기관 투자자 대상의 수요 예측이다. 이 주식을 원하는 기관이 얼마나 되는지, 말 그대로 수요를 예측하는 단계다. 적지 않은 기업이 이 단계에서 낙마하기도 한다. 수요 예측 단계에 진입할 때 기업과 대표 주관사는 공모가 밴드를 제출한다. 공모가의 범위를 정해달라는 일종의 요청이다. 참고로 얘기하자면, SK바이오팜의 공모가 밴드는 36,000~49,000원이었다.

수요 예측에 참여한 기업이 갑작스럽게 상장을 포기하는 것은 공모가에 대한 눈높이 차이 때문이다. 필자가 아는 한 기업은 오너가 수요 예측 단계에서 5만 원 이상의 공모가를 원했는데, 기관은 기껏해야 1만 원대를 원한 극단적인 사례도 있다. 이 정도는 아니어도, 기관이 공모가를 너무 낮게 잡아서 상장하지 않는 기업이 적지 않다. 2020년 3월만 해도 코로나19 여파 때문에 화장품 소재 기업 엔에프씨, 엘에스이브이코리아, 메타넷엠플랫폼, 센코어테크 등이 청약 철회를 결정했다.

수요 예측은 기업에 대한 기관 투자자의 생각을 속속들이 알수 있기 때문에 아주 중요하게 살펴야 한다. 단순히 청약 경쟁률만 중요한 것이 아니라 의무보유확약 비율은 어떤지, 공모가는 대략 어느 정도로 써냈는지(수요 예측 신청 가격 분포)를 참고해야 한다. 의무보유확약이란 짧게는 15일에서 길게는 6개월까지 주식을 팔지 않겠으니 주식을 더 많이 넘기라는 의사 표현이다. 또한 수요 예측 신청 가격 분포를 보면 어떤 과정을 통해 공모가가 정해졌는지 참고할 수 있다.

SK바이오팜의 경우 기관 경쟁률이 835.66 대 1이었는데, 당장 주식을 팔지 않겠다는 의무보유확약 비율이 81.15%에 달했다. 더구나 수요 예측 가격도 참여자 전원(1,076건)이 49,000원 이상을 써냈다. 공모가 밴드의 최상단인 49,000원 이상으로 공모가가 결정돼도 매수하겠다고 의사를 밝힌 것이다. 이런 결과가 나왔으니 당연히 SK바이오팜 청약은 대성공을 거둘 수밖에 없었다.

이렇듯 상장 규모가 큰 기업은 대표 주관사 외에도 인수단이 참여한다. SK바이오팜은 NH투자증권이 대표 주관사였고, 한국투자증권이 공동 주관사였다. 그리고 SK증권과 하나금융투자는 인수단으로만 참여했다. 이 중 어느 증권사로든 청약할 수 있다.

청약은 보통 이틀간 받는데, 때로는 사흘 넘게 받는 경우도 있다. 2019년 10월에 롯데리츠는 무려 나흘간이나 청약을 받기도 했다. 당연히 대출 이자 등을 고려하면 청약 마지막 날 청약하는 것이 좋다. 대출일을 최소화해야 이자 부담을 줄일 수 있기 때문이다. 그리고 청약 마감 시간을 오후 4시로 아는 경우가 많은데, 대부분 그렇긴 하지만 꼭 정해져 있는 규칙은 아니다. 정확히 말하면 인수단의 결정이다. 7월에 상장한 이엔드디라는 기업은 주관사인 IBK투자증권이 오후 3시 30분에 마감했고, 과거에 일부 주관사는 모집이 잘되지 않는다는 이유로 오후 6시까지 추가 청약을 받은 사례도 있었다.

2020년 7월, 한창 공모주 열기가 뜨거울 때도 제이알글로벌리츠는 주관사인 메리츠증권이 오후 6시까지 추가 청약을 받았다. 뒤에서 다시 얘기하겠지만, 2020년 현재 리츠의 인기가 예전만 같지 않기 때문이다(리츠가 무엇인지는 뒤에서 다시 설명하겠다). 도통 돈이 모이지 않자 주관사가 청약 시간을 연장하는 대안마저 내놓았던 것이다. 이렇듯 공모주 인기 업종은 증시 분위기에 따라 수시로 바뀌는데, 이에 대해서는 뒤에서 다룰 것이다.

청약을 마무리하면 청약 대금 납입 및 환불 절차를 밟는다. 청약 경쟁률이 1 대 1을 넘으면 초과 청약분이 있을 것이고, 이 자금을 통상 이틀 뒤 돌려준다. 이는 영업일 기준이며, 주말을 끼고 있을 경우엔 환불에 4일이 걸리기도 한다. 가끔은 공모주 흥행을 일으키기 위해 하루 만에 환불하는 사례도 있긴 하지만, 흔하지는 않다. 증권신고서에는 환불일이 따로 표기되는 경우가 드물기 때문에, 납입일을 봐야 한다. 납입일과 환불일은 모두 같은 날 실시된다.

환불까지 끝나면 정말 마지막이다. 납입이 끝나면 보통 빠르면 5~7일에서 늦어도 한 달 내에 상장 절차를 밟는다. 상장일 주가 흐름이 중요한데, 상장 이후 오전 9시에 처음 거래되는 가격을 시초가라고 한다. 그리고 시초가는 공모가의 90~200% 내에서 결정된다. 공모가 대비 -10%가 날 수도 있고, 단숨에 100% 수익을 내어 2배까지도 뛸 수 있는 셈이다.

단숨에 2배로 뛴다면, 약 2분간 다시 VI(변동성 완화 장치)가 걸리고, 9시 2~3분쯤 가격 제한폭(30% 안팎)에 맞춰 주가가 움직인다. SK바이오팜의 경우, 49,000원으로 상장해 9시 정각에 단숨에 98,000원이 됐고, 여기서 또 30%가 올라서 127,000원으로 첫날 장을 마쳤다.

2. 공모주 일정 확인부터

공모주 일정을 챙겨 볼 수 있는 사이트는 여러 개 있다. 필자의 경우에는 38커뮤니케이션을 주로 사용하는데, 아무래도 오랜 기간 봐왔기 때문에 익숙하다. 38커뮤니케이션을 보고 싶다면, 네이버 등 포털사이트에서 38커뮤니케이션을 검색한 뒤 상단 탭의 'IPO/공모'를 누르고, 그 하단에 '증시캘린더'를 클릭하면 오늘의 증시 일정을 볼 수 있다. 상장 예비 심사 청구와 기업설명회(IR), 수요 예측이나 청약, 상장일 등이 모두 뜬다. 공모주만 있는 것이 아니라 실권주 일정도 같이 뜨기 때문에, 증시와 관련된 일정을 한꺼번에 챙겨 볼 수 있어서 좋다.

실권주란, 유상증자를 실시하는 기업이 기존 주주들을 대상으로 유상증자를 실시한 뒤 남은 물량을 일반에게 푸는 과정을 말한다. 좋은 종목을 제때 찾으면 공모주 이상으로 수익을 챙길 수 있어 반드시 확인해야 한다.

간혹 신규 상장일을 잊어버릴 수 있기 때문에, 되도록이면 오전 9시 직전에 38커뮤니케이션에 접속해보길 권한다. 아니면 휴대전화 캘린더에 상장일만큼은 미리 알람을 설정해두는 것도 좋다. 청약이야 하루 중 아무 때나 해도 되지만, 상장일 매도는 당장 팔 계획이 없더라도 오전 중에 한 번은 챙겨 보는 것이 좋기 때문이다.

38커뮤니케이션, 피스탁 등 대부분의 공모주 및 장외 주식 정보 업체는 화면 구성이 모바일에 적합하지 않다. 개인적 생각이지만 두 사이트 모두 PC로는 보기 괜찮은데, 모바일 화면은 비교적 덜 최적화되어 있는 것 같다. 모바일로 보고 싶다면 '공모주 알리미'라는 어플이 있다. 공모주 정보부터 비대면 계좌 개설 및 모바일트레이딩서비스(MTS) 다운로드, 은행 어플, 공모주 분야의 파워 블로거 사이트까지 연결할 수 있다. 초보자 가이드라는 페이지가 따로 있는데, 공모주를 처음 투자하는 독자라면 한 번쯤 읽어봐도 괜찮을 것이다.

공모주 일정 확인과 관련해 다시 한번 강조하고 싶은 것이 있다. 하루에 30분 정도는 무조건 공모주에 양보하라는 것이다. 8시 58분부터 30분만 공모주에 투자해서 공모주 청약을 실시하거나 상장한 공모주를 매도하는 데 쓰라고 권하고 싶다. 조금 더 시간을 낼 수 있다면, 공모주는 청약 마감 시간 즈음에 청약하는 것이 나을 때도 많다. 경쟁률을 감안해 청약 대금을 조정할 수 있기 때문이다. 1억 원을 투자해도 3주를 받고, 1억 2,000만 원을 투자해도 3주를 받는 경우라면 굳이 2,000만 원을 더 대출받을 필요는 없다. 그러므로 청약 경쟁률을 체크하다가 오후 3시 50분쯤 청약하는 것이 나을 수 있다.

하지만 오후 4시 즈음에는 직장인이든 자영업자이든 주부든, 제일 바쁜 시간대다. 직장인들은 보통 회의를 하거나 일이 바쁠 때가 많아서 시간을 내기 어렵다. 또 청약 마감 시간에 쫓기다 보면 생각하지 못한 실수나 변수가 생겨 청약을 못하는 경우가 생길 수 있다. 청약은 마지막 날에 하되, 최소 마감 1~2시간 전에는 끝내는 게 좋다.

공모주 블로그를 적극 활용하라

뒤에서 다시 얘기하겠지만, 바쁜 일이 많은 독자라면 굳이 스스로 증권신고서나 38커뮤니케이션 정보를 찾아보기보다는,

공모주 분야의 파워 블로거에 의존해도 괜찮다. 이들이 기본적인 투자 정보부터 청약 성공 가능성까지 짚어주기 때문에, 이들의 글을 한 번만 읽어도 훨씬 수월하게 청약할 수 있다. 공모주는 주식 장기 투자와 달라서, 기업의 내밀한 정보를 그다지 깊이 공부하지는 않아도 된다. 공모주 분야의 유명 블로그로는 '박 회계사의 투자 이야기', '재테크의 여왕 슈엔슈', '넘버원의 먹고 즐기는 재테크 이야기' 등이 있다.

텔레그램 메신저를 사용한다면 공모주 전문 투자 자문사인 혁신투자자자문의 텔레그램 채널을 신청해도 괜찮다. 한맥투자증권을 시작으로 LIG투자증권, 아샘자산운용, 대덕자산운용, 한&파트너스자산운용 등에서 주로 공모주 투자를 전담해온 전문가로, 간혹 공모주에 대한 여의도 분위기를 전달해주기 때문에 일반 개인 투자자들도 접근할 만하다. 주소는 구글에서 '혁신투자자문+텔레그램'으로 검색하면 찾을 수 있다.

3. 공모주 첫걸음, 계좌 개설

공모주 투자를 하려면 어지간한 증권사 계좌는 다 가지고 있어야 한다. 처음 공모주 시장에 뛰어들 때는 20영업일에 하나의 계좌만 개설할 수 있는 규제 때문에 불편함이 적지 않다. 참고로 20영업일에 계좌 하나만 만들 수 있는 규제는 보이스피싱(음성 사기)과 관련한 대포통장 개설 가능성 때문에 2011년에 도입됐다. 보이스피싱 조직에 명의를 빌려준 노숙자나 금융 취약계층 사람들이 한 번에 수십 개의 계좌를 만든 뒤 넘긴 사례가 적발된 적이 있었기 때문이다. 평범한 일반인이라면 계좌를 20일 이내에 2개 이상을 만들지는 않을 것으로 보고 도입한 규제인데, 이것 때문에 2020년 6월부터 시작된 공모주 투자 열기가 크게 방해를 받았다.

20일 규제는 권고이고 강제가 아니다 보니, 빠져나갈 수 있는 구멍이 있다. 일단 미래에셋대우와 대신증권은 20일 규제를 지키지 않는다. 언제든 만들 수 있다는 의미이니, 굳이 우선순위로 계좌를 만들 필요는 없다.

그 외에 20일 내에 다른 계좌를 개설했더라도, 지점에서는 계좌를 만들 수 있는 증권사가 있다. 신한금융투자, KB증권 등 일부 증권사는 재직증명서 등 보완 서류를 갖추면 신분 확인이 됐다고 보고 계좌를 개설해준다. 한편 전업주부는 이유를 불문하고 계좌 개설을 불허하는 등 의외로 빡빡한 곳이 많으니, 신규 계좌는 공모 일정을 체크하면서 틈틈이 만들어두는 것이 좋다.

네이버페이나 삼성페이, 쓱페이, 토스 등의 이벤트를 활용해 계좌를 만드는 것도 도움이 된다. 2020년 7월 31일 기준으로 삼성페이에 접속해보니, 미래에셋대우, 이베스트투자증권, SK증권, 유진투자증권, DB금융투자, 하나금융투자가 생애 첫 계좌를 개설할 경우 인당 5,000원에서 최대 75,000원을 지급하는 이벤트를 펼치고 있다. 이 중에서 8월 중 공모 청약이 많은 증권사 순으로 비대면 계좌를 개설하고 혜택을 누리면 좋을 것이다.

7월 31일 기준으로 네이버페이 이벤트도 살펴봤는데, 삼성페이와 거의 비슷한 증권사가 이벤트를 실시하고 있었다. 다만 네이버페이는 네이버페이 포인트로 성과를 지급하다 보니 지불하는 금액은 조금 더 많았다. 또 삼성증권은 네이버페이와 연계한 N페이 투자통장 이벤트를 실시하고 있었다.

놓치면 후회하는 개설 이벤트

대부분 증권사는 비대면 계좌를 개설하면 수수료 무료 정책을 펴고 있다. 공모주는 어차피 수십만 원 규모의 주식을 매매하는 것이기 때문에 수수료는 아주 큰 부담이 아니지만, 굳이 따지면 무료가 더 좋기는 하다. 참고로 수수료가 무료라고 해서 아예 무료인 것은 아니다. 보통 0.015% 안팎의 수수료만 무료일 뿐, 한국거래소와 한국예탁결제원, 금융투자협회에 지급하는 유관 기간 제비용 0.0038~0.0066%는 뗀다. 그리고 거래세도 0.25%를 내야 한다.

비대면 계좌에서 신용 융자 매수를 하거나 증권 담보 대출 서비스를 받을 계획이라면, 비대면 계좌를 개설하더라도 추가로 지점 계좌를 개설하는 편이 낫다. 신용 융자 이율은 보통 연 9%선인데, 지점에서 만든 계좌는 6~7% 정도로 할인해주기 때문이다. 필자 또한 공모주는 대부분 증권 담보 대출을 받아 참여하기 때문에, 지점 개설 계좌를 주(主) 계좌로 남겨놓고 있다.

비대면 계좌여도 계좌 개설에 아주 오랜 시간이 걸리는 계좌도 있다. IBK투자증권이 대표적이다. IBK투자증권은 비대면 계좌 개설 시 영상통화를 통해 본인 확인 절차를 밟아야 하는데, 공모주 열기가 워낙 뜨겁다 보니 공모 일정이 잡혀 있을 때 개설하려고 했다간 오랜 기간 대기해야 한다. 필자가 이 책을 쓰기 위해 IBK투자증권 비대면 계좌 개설 절차를 밟아보니, 금요일 오전에 신청한 영상통화 상담이 토요일 오후에야 진행됐다. 때마침 2차 전지 업체 이엔드디가 공모 청약을 앞두고 있기 때문이었는데, 이런 일정을 감안해 계좌 개설을 미리 해둘 필요가 있다. 특히 IBK투자증권은 모회사가 기업은행이라 기업은행 관할 아래 있는 중소기업이 많고, 그 기업 중 적지 않은 기업이 IBK투자증권을 주관사로 선택한다. 그러니 IBK투자증권 계좌는 반드시 필요하다.

그 외에 일부 중소형 증권사도 본인 확인에 시간이 오래 걸리는 경우가 있다. 비대면 계좌 개설 시엔 본인의 신분증 사진으로 본인 확인 절차를 거치는데, 중소형 증권사는 이 작업에 몇 시간씩 걸리는 경우가 많다는 점을 알아둬야 한다.

또 하나 언급하고 싶은 것은 신영증권, 부국증권이다. 신영증권과 부국증권은 비대면 계좌 개설이 불가능한데, 지점 수가 적다 보니 어쩔 수 없이 은행을 찾아야 한다. 부국증권은 1년에 한 번 공모 청약을 실시할 정도라서 일단 논외로 친다. 신영증권은 국민과 하나, 농협, 신한은행에서 은행 연계 형태로 계좌를 만들 수 있다. 다만 신영증권의 은행 연계 계좌에서 공모주 청약을 하려면 OTP(일회용비밀번호) 실물 기기를 가지고 있는 편이 좋다. 실물 기기가 없다면 고액 이체가 제한되고, 어쩔 수 없이 또다시 지점을 방문해야 하기 때문이다. 그러므로 신영증권 계좌 또한 시간이 있을 때 지점에 방문해서 만들어두는 편이 낫다.

한국투자증권과 NH투자증권은 공모주를 많이 취급하는 대형 증권사인 데 비해 우대 고객이 아니면 청약 규모를 소량으로 제한하는 편이다 보니, 계좌를 여러 개 만들어두는 것이 낫다. 계좌가 여러 개면 매도할 때 불편하긴 하지만, 주식 이관 신청을 해두면 하나로 통합해 매도할 수 있다.

공모주도 모바일이 대세

계좌를 개설하면 스마트폰에 MTS를 다운받아두고 평상시에도 접속하면서 익숙해지는 것이 좋다. 일반 주식 투자는 투자 정보가 많은 PC의 홈트레이딩시스템(HTS)이 낫지만, 공모주는 굳이 차트 분석이나 정보 매매를 할 필요가 없기 때문에 MTS로 충분하다. HTS로 매매하려면 PC 앞에 붙어 있어야 하므로, 직장 상사가 갑자기 부른다든지 갑자기 출장이 잡히면 제때 매매하지 못할 수 있다. 이렇듯 PC로 작업하기에는 예상치 못했던 변수가 나타날 수 있으므로 MTS로 하면 된다.

그 외에도 공모 참여 때 계좌 이체나 환불금 계좌 이체 등은 모두 MTS가 편리하다. PC에 10여 개 증권사의 HTS를 모두 깔아놓는 것도 용량상 부담이 되므로, 가벼운 MTS를 스마트폰에 장착해놓는 것을 추천한다.

4. HTS 시대에서 MTS 시대로

주식시장은 진입장벽이 있는 편이다. 온갖 어려운 용어가 난무하기 때문에, 일단 공모주를 넘어 주식시장에 친숙해지기 위해 꼭 알아야 하는 용어를 정리해본다. 차트를 볼 때 사용하는 용어나 선물·옵션 등 파생시장, 상장지수펀드(ETF) 등과 같은 기타 연관 상품은 중요성이 높은 편이지만, 공모주와는 무관하기 때문에 제외했다.

HTS는 홈트레이딩시스템의 약자다. 과거 주식은 증권사 지점 객장에서나 매매할 수 있었다. 1980년대 말, 거대한 화면이나 텔레비전에 연결해 시세를 볼 수 있는 서비스를 제공하는 정도였는데, 1997년 인터넷 환경이 좋아지고 정부가 관련법을 개정하면서 HTS가 등장했다. 집에서 거래할 수 있는 것은 당시로서 상당한 파격이었다. 1998~1999년에는 대신증권 사이보스나 키움닷컴증권(키움증권)의 영웅문이 등장하면서 개인 투자자들이 대폭 늘어났다.

모바일로 거래하는 모바일트레이딩시스템, 즉 MTS는 2000년대 중후반 스마트폰의 성장과 함께 본 궤도에 올랐다. MTS가 처음 등장한 시기는 2000년이기는 한데, 당시는 스마트폰이 아니다 보니 엄청난 데이터 사용료와 비싼 수수료로 연 거래액이 수백억 원 수준에 불과했다. 그러나 지금은 스마트폰이 활성화되면서 개인이 가장 많이 사용하는 플랫폼으로 떠올랐다. 2019년 기준 코스닥시장에서의 MTS 거래 비중은 41%로, HTS(40.7%)를 사상 처음으로 앞질렀다.

앞에서도 언급했듯이 공모주는 굳이 많은 매매 정보를 필요로 하는 것은 아니기 때문에, 공모주 투자자들은 MTS만 사용해도 충분하다. HTS를 사용하려면 PC를 켜야 하고, 프로그램을 구동하는 데도 시간이 꽤 걸린다.

5. 속으면 안 되는 동시호가

내가 투자한 신규 상장기업 A사가 처음 거래되는 날이라고 가정하자. 상장기업 A사의 주관사인 B증권사는 한 번도 거래해본 적이 없는 증권사다. 그렇다면 8시 50분쯤에는 MTS에 접속해보는 것이 좋다. 접속해서 매도 주문을 넣는 곳을 살펴보고, 정정 주문(예상외로 열기가 뜨거워서 매도를 취소해야 할 수도 있으니)은 어떻게 하면 되는지 익숙해지게끔 둘러보는 시간이 필요하다.

그리고 또 주목해서 봐야 하는 것이 있다. 바로 동시호가다. 사전적 의미로는 '매매 거래 시 동시에 접수되는 호가, 또는 시간의 선후가 분명하지 않은 호가의 집합'이다. 누구는 1만 원에 매수 주문을 넣고 누구는 12,000원에 매도 주문을 넣는데, 하지만 아직 장 개시 시간은 되지 않아서 가상으로 매매가 집계되는 단계다. 호가는 말 그대로 부르는 가격이다. 거래가 체결될지는 알 수 없지만, 일단 던지는 것이다.

장 개시 전 동시호가 접수 시간은 오전 8시 40분에서 9시까지다. 오전 8시 40분부터 8시 59분 59초까지는 당장은 거래되지 않고, 오전 9시 개장 이후 호가 주문이 가장 많이 접수된 구간을 중심으로 매매 거래가 실제로 체결된다.

2020년 6월 이후로는 공모주 투자 열풍이 불어 동시호가 또한 높게 형성됐지만(SK바이오팜의 경우 내내 98,000원을 유지했다), 사실 동시호가 때 공모주는 춤을 춘다. 그럴 수밖에 없는 것이, 처음 상장하다 보니 잠재 매수자와 잠재 매도자의 눈높이 차이가 클 수밖에 없기 때문이다. 누구는 10,000원에 팔아도 만족하는가 하면, 누군가는 15,000원 이상을 받아야 한다고 생각하고, 또 다른 누군가는 18,000원에라도 살 수 있다고 나설 수도 있다.

동시호가의 변동 폭이 너무 클 때는 미리 대응할 필요는 없다. 9시까지도 가격은 춤을 추는 경우가 일반적이기 때문이다. 이럴 때는 8시 59분 55초까지 시세를 보다가 적정가로 매도 주문을 넣으면 된다. 참고로 필자는 8시 59분 55초에 시세보다 10%쯤 높은 가격에 주문을 넣는다. 9시 개장과 동시에 수많은 개인 투자자가 몰리면서 시초가보다는 조금 더 오를 때가 많기 때문이다. 이를 위해 예상 가격보다 10% 높은 가격을 미리 알아둔다. 17,500원보다 10% 높은 가격은 얼마인지 미리 계산해 두는 것이다. 하지만 이렇게 매매하려면 피로도 또한 상당히 높고 전체 수익률에 미치는 영향은 미미하기 때문에, 적당한 가격에 주문을 넣는 것도 괜찮다.

6. 공모주 상장일에 꼭 지켜봐야 하는 시초가

앞에서 말했듯이 시초가는 장 시작 시점의 가격(주가)이다. 공모주의 시초가는 특별히 더 중요한데, 시초가에 따라 그날 최고가가 달라질 수 있기 때문이다.

공모가가 10,000원인 기업인데 시초가가 12,000원이면, 그날 결정될 수 있는 최고가는 15,600원이다. 시초가를 기준으로 가격 제한폭(30%)이 적용돼 최대 30%까지만 오를 수 있기 때문이다.

그리고 공모가가 10,000원인 기업이 장 시작 시초가가 20,000원이면(최대 200%까지 오를 수 있기 때문이다), 시초가 20,000원을 기준으로 30% 더 오를 수 있어 최대 26,000원까지 오를 수 있다.

앞에서 동시호가를 살펴봤지만, 공모가가 10,000원인 기업은 동시호가 주문에서 26,000원으로 매도 주문을 낼 수는 없다. 동시호가 때는 최대 200%까지만 주문을 낼 수 있기 때문이다. 즉, 시초가에서 20,000원으로 시작할 것 같으면 동시호가 때는 주문을 넣지 말아야 한다. 9시 1초 시점에 다시 30% 변동폭을 계산해 적정가를 넣으면 주문이 체결될 것이다. 이는 굉장히 중요하다. 일단 더블로 시작될 것 같은 인기 많은 공모주는 반드시 9시 넘은 시점에 주문을 전송해야 한다.

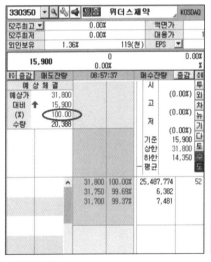

오전 8시 59분 기준으로 동시호가 화면

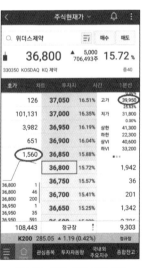

오전 9시 4분(장 개시 이후) 화면

왼쪽 그림은 오전 8시 59분 기준으로 동시호가 화면이다. 공모가 15,900원보다 100%(15,900원) 높은 31,800원에도 대량 매수 주문(2,548만여 주)이 쌓여 있다. 이 경우 31,800원이 시초가가 되고, 여기에서 30% 변동 폭으로 주가가 움직이게 된다.

　　오른쪽 그림은 오전 9시 4분(장 개시 이후) 화면이다. 시초가 31,800원으로 시작해 한때 25.63%가 올라 39,950원을 찍은 후 현재는 시초가보다 15.72% 오른 36,800원에 거래되고 있다. 현시점에 시장가 매수 주문을 넣게 되면 매도 주문이 접수된 물량 중 가장 낮은 가격인 36,850원에 거래된다. 만약 시장가 매수 주문량이 1,560주(36,850원에 접수돼 있는 매도 주문 전량)를 넘어서게 되면, 그다음 낮은 가격인 36,900원부터 순차적으로 매수 주문이 체결된다.

7. 다양한 매매 주문들

주식을 매매할 때 사용하는 주문 방식은 여러 가지가 있지만, 대부분 공모주 투자자들은 시장가, 지정가, 조건부지정가 정도만 알면 된다. 먼저 시장가는 말 그대로 시장에서 정해주는 가격이다. 사겠다는 사람이 20,000원에 사겠다고 주문을 넣었다면 시장가 매도 주문을 클릭하면 20,000원에 팔린다. 반대로 매수 주문 가격이 9,000원밖에 없다면 9,000원에 체결되기도 한다. 얼마에 체결될지는 본인도 모르기 때문에 어쩌면 리스크가 큰 주문 방식이라고 할 수 있다. 그러나 시장가 매매의 장점이 있다. 다른 주문에 비해 우선 체결된다는 점이다. 상한가 매수 주문이 약 1만 주 있고 상한가 매도 주문이 약 2만 주 쌓여 있다면, 거래 예정가는 상한가이기는 하지만 매도하겠다는 사람이 더 많을 때는 시장가 매도 주문이 먼저 체결된다.

처음 공모주를 해보는 초보 주식 투자자라면 HTS의 현란한 주가 움직임에 적잖이 당황할 것이다. 순식간에 가격이 위아래로 움직이다 보면 자신이 몇 주를 어느 가격에 넣었는지도 잊어버린다. 빨리 팔고 싶은데 가격이 순식간에 내려가다 보면 자신이 넣었던 주문 가격이나 수량을 헷갈릴 수 있고, 당황해서 주문 정정도 제대로 하지 못할 가능성이 크다. 이럴 때 빛을 발하는 게 시장가 주문이다. 시장가로 지정해놓고 매도 버튼을 누르면 단숨에 체결이 이루어진다.

참고로 공모주는 장 개시 직전에는 시장가 매매 주문이 형성되지 않는다. 아직 시장에 들어오지 않은 종목이라 시장가의 개념이 없다. 시장가 대신 더 낮은 가격으로 주문을 넣으면 사실상 시장가 매도를 하는 것과 같은 효과를 낼 수 있다.

지정가 매매는 말 그대로 자기가 원하는 가격을 지정하는 매매다. 가장 일반적인 주문 방식이다. 12,000원에 매도 주문을 넣으면, 12,000원 혹은 그 이상에 매수하겠다는 사람이 없는 이상 체결되지 않는다. 지정가 매매는 보통 매매라고도 불린다.

조건부지정가 매매라는 것도 있다. 조건부지정가는 가격은 지정하되, 팔리지 않으면 장 마감 동시호가(오후 3시 20~30분)에는 시장가로 매도되는 것을 말한다. 하지만 실제로는 쓰는 사람을 본 일이 없다. 그 외에 최유리지정가, 최우선지정가 등도 있는데, 마찬가지로 별로 쓰는 이를 본 적은 없다. 제일 유리한 조건으로 지정가를 입력한다는 개념인데, 시장가 주문과 비슷하다고 봐도 된다.

경매매는 경매와 같은 방식의 매매다. 뒤에서 다시 소개할 제3주식시장인 코넥스시장에만 도입돼 있는데, 코넥스 기업은 유가증권시장이나 코스닥시장과 달리 불특정 다수를 대상으로 공모 절차를 밟지 않고 상장하기 때문에, 최대 주주나 주요 주주들만 지분이 있을 때가 많다. 이러한 매도자 1인이 경매 형태로 불특정 다수에게 주식을 뿌리는 매매를 일컫는다. 코넥스의 경매매 또한 반드시 알아야 하는 매매 방식은 아니지만, 혹시 공모주 열풍을 타고 코넥스 기업을 선취매하고 싶다면 알아두는 것도 좋다.

상대 매매는 매도 호가와 매수 호가가 정확히 일치할 때만 거래되는 매매를 말한다. 제4시장이라고 불리는 KOTC나 38커뮤니케이션·피스탁 등 장외주식 매매 사이트에서는 상대 매매 형태로만 거래할 수 있다. 이 시장의 장외 기업들 또한 상장이 임박하면 주가가 오를 때가 많기 때문에 선취매하려고 들어오는 개인 투자자가 많다. 상장하지 않으면 현금화가 요원할 수 있기 때문에, 굳이 초보자에게는 추천하고 싶지 않다.

8. 공모주의 단골 친구
VI(변동성 완화 장치)

VI는 주식 거래 시 10% 이상 가격이 변동하면 오를 때든 내릴 때든 과열이라고 보고 2분간 거래를 정지시키는 조치다. 장 시작 이후 10% 올라도 걸리고, 5% 오른 가격에서 -5%로 돌아서도 걸린다. 장 시작 이후 10% 오르면 걸렸다가, 여기서 다시 또 10%p 올라 20%까지 오르면 재차 발동한다. 그러다가 상승폭이 10%로 줄면 다시 걸린다.

VI에 걸리면 2분 동안은 호가만 접수받고, VI 종료 시점에 정해지는 가격에 거래가 형성된다. 또 장 개시 직전의 동시호가 마지막 체결가보다 6%, 장 마감 직전의 동시호가 마지막 체결가보다 4% 변동될 때도 VI가 걸린다. 시세가 왜곡되는 이상 주문으로 의심할 수 있다는 의미다.

공모주는 적정가를 누구도 모르기 때문에 VI가 걸리는 경우
가 많다. 이른바 따상일 때도 2분간 걸리기 때문에 꽤 자주 나
타나는 현상이다. VI는 원래 없었던 제도인데, 2015년 6월 가
격제한폭이 15%에서 30%로 확대되면서 변동 폭이 커지면 투
자자 피해가 우려된다는 이유로 도입됐다.

9. 미수금,
절대 마주치면 안 되는 단어

어감부터 좋지 않은 단어다. 미수금은 주식 투자자가 주식을 매입한 후 결제일까지 결제 대금을 계좌에 입금하지 않아 생기는 외상 대금을 뜻한다. 미수금이 발생했다는 문자가 뜨면 서둘러 필요한 금액을 계좌에 넣어둬야 한다.

미수금이 발생하는 이유는 주식 결제일이 매매일보다 이틀 후이기 때문이다. 주식은 오늘 매매했는데, 실제 주식이 내 손에 들어오는 시점은 내일도 아니고 모레가 되는 것이다. 과거 종이 주식이 일반적이었을 때 주식 실물을 이관하는 데 시간이 걸렸기 때문에 만들어진 규정이다. 전자증권제도가 도입된 지금은 고칠 수 있을 텐데, 오랜 세월 내려온 관습이다 보니 유지

되는 것 같다.

사실 +2일 결제일 제도가 유지되는 것은 금융 사기와도 관련이 있는 것 같다. 예를 들어, 주식을 매도해도 이틀 뒤에나 현금을 찾을 수 있기 때문에 주가 조작범이 먹튀하기가 쉽지 않다. 주식 결제일이 매매일과 같아지면, 누군가는 주식을 의도적으로 띄웠다가 바로 팔아버리고 현금화해서 도망치는 일이 발생할 것이다. (단, 매도 담보 대출이라는 것이 있어서 매도한 후 이틀 뒤 입금될 돈을 근거로 대출을 받는 것이 가능하다.)

아무튼 이런 이유로 공모주를 매도한 뒤 이틀 뒤에나 현금화할 수 있다. 그리고 공모주 투자만 할 것이라면 그럴 일이 없는데, 실수로 결제일 전에 돈을 출금해버리면 막상 결제일에 돈이 없어 미수가 발생하는 경우가 나올 수 있다. 100만 원어치 입금돼 있는 계좌에서 100만 원어치 주식을 사도 당일과 다음 날은 100만 원을 그대로 출금할 수 있다. 그렇게 되면 다음 날이나 모레 아침 미수금이 발생했다는 안내 문자를 받게 된다.

10. 유상증자,
상장된 기업만 매입하라

유상증자는 기업이 주식을 발행한 뒤 돈을 받고 파는 것을 말한다. 상장기업만 유상증자를 실시하는 것은 아닌데, 불특정 다수로부터 자금을 조달하려면 아무래도 상장기업인 편이 유리하다.

참고로, 주식 발행과 관련한 금융 사기는 비상장기업의 유상증자일 때가 많다. "어떤 기술을 개발하고 있어서 조만간 상장할 예정이며, 지금 사면 엄청 저렴한 가격에 살 수 있다"는 식의 금융사기가 아직도 엄청나게 많이 발생한다. 장외주식 유상증자 투자를 하고 싶어도, 상장이 임박했거나 검증된 기업만 하라고 강조하고 싶다. 언론도 믿으면 안 된다. 돈을 받고 다단계사기성 기업의 기사를 써주는 가짜 언론도 많기 때문이다.

유상증자의 종류로는 기존 주주들에게 지분율대로 물량을 배분하는 주주 배정 유상증자가 있고(1주당 0.3주 배정과 같은 형식), 불특정 다수를 대상으로 신주를 파는 일반공모 유상증자, 또는 아예 투자자를 점찍어서 논의한 뒤 진행하는 제3자 배정 유상증자가 있다.

신규 상장기업이 실시하는 공모 또한 유상증자다. 일반인을 대상으로 하는 일반공모 유상증자와 같다고 할 수 있다. 다만 이는 앞에서 얘기한 신주 매출이 유상증자에 해당하고(기업이 주식을 신규로 발행하고, 그 기업으로 자금이 들어오는 구조), 기존 최대 주주가 자신이 보유 주식을 파는 구주 매출은 유상증자가 아니다. 구주 매출 형태의 주식 공모는 일종의 블록딜(기관이 대규모의 주식을 한꺼번에 파는 것)이라고도 할 수 있다.

11. 때로는 고수익을 안겨주는 실권주

유상증자를 실시하면 실권주라는 것이 발생할 때가 있다. 실권주는 말 그대로 실권한 주식이다. 앞서 얘기한 주주 배정 유상증자의 경우 증자 규모에 따라 신주 발행 가격을 10~30% 할인하기 마련이다. 주가가 10,000원인데 10,000원으로 유상증자를 실시하면 아무도 청약하지 않을 것이다. 주식이 필요해도 장내에서 매입하면 되니까 말이다. 그래서 조금 깎아주는 경우가 많은데, 유상증자 규모가 크다면 당연히 할인율이 높아질 수밖에 없다. 유상증자로 인해 주식 발행 총수가 늘어나면 그만큼 기업의 덩치도 커지기 때문에, 주당 가치는 떨어진다. 그런 만큼 유상증자 가격이 저렴해야 더 많은 투자자를 유치할 수 있을 것이고, 당연히 가격은 현 주가보다는 싸야 한다.

그런데도 실권주가 나올 수밖에 없다. 기업의 주가 전망이 아무리 좋아도 당장 수중에 돈이 없다면 어쩔 수 없이 실권할 수밖에 없기 때문이다. 이런 실권주는 주관사인 증권사가 떠안거나, 아니면 일반을 대상으로 팔아치우곤 한다. 실권주가 나왔을 때 어떻게 처리할지는 애초 주관사와 유상증자를 논의할 때 정해진다.

실권주 투자에 있어 반드시 잊지 말아야 할 것은 공모주와 달리 청약 증거금이 100%(100만 원어치 청약하려면 100만 원이 다 있어야 한다는 말이다. 공모주는 증거금 대비 2배로 청약할 수 있다)라는 점이다. 실권주도 당연히 때에 따라서는 아주 고수익을 담보하기 때문에 잊지 않고 챙겨 봐야 한다.

때로는 주식 투자자에게 아주 유리한 실권주를 중간에 주관사가 낚아챌 때도 있다. 2차 전지 업체 엘앤에프의 사례가 대표적이다. 엘앤에프는 당초 실권주 청약 예정일이었던 8월 13일 주가가 48,000원선이었고, 유상증자 공모가가 25,050원이었다. 주가가 공모가보다 2배가량 높은데도 실권주가 4,903주 발생했다. 필자는 엘앤에프의 실권주 청약이 진행되기를 기대했지만, 주관사인 증권사들은 증권 규정을 이유로 이 실권주를 모두 인수해버렸다. 엘앤에프는 정정 신고서를 통해 "구주주 청약 후 발생한 단수주(4,903주)는 금융투자협회 증권 인수 업무 등에 관한 규정 제9조 2항 7호에 따라 동 주식을 일반 공모 청약자에게 배정하지 아니하고 대표 주관사와 인수 회사가 인수 비율에 따라 자기 계산으로 인수합니다(실권주 일반공모 미실시)"라고 밝혔다. 필자를 비롯한 공모주 투자자들은 아쉬움을 삼킬 수밖에 없었다.

12. 이것마저 알려주마
- 신주인수권증서

실권주 투자자들에게는 실망스러운, 그러나 전체 금융시장 관점에서 보면 긍정적인 제도가 하나 확산되고 있다. 바로 신주인수권증서다.

과거에는 돈이 없어서 주식을 실권하면 그걸로 그만이었다. 주가가 10,000원이고 유상증자 가격이 7,000원이어도 기존 주주는 청약 포기와 함께 권리가 사라졌다. 하지만 이 또한 문제라고 보고 금융당국이 추진한 것이 있다. 바로 신주인수권증서라고 하는 개념이다.

신주인수권증서는 상장기업의 유상증자에 참여할 수 있는 권리다. 유상증자에 참여할 돈이 없다면 신주인수권증서를

HTS나 MTS를 통해 장내에서 매도하면 된다. 반대로 예전에는 실권주 대상 일반공모 유상증자에 나섰던 개인들은 HTS로 신주인수권증서를 매입해야 유상증자 주식을 받을 수 있다. 만약 주가가 10,000원이고 유상증자 가격이 7,000원이라면, 신주인수권증서 가격은 1,000~2,000원 정도에 형성된다.

신주인수권증서 제도는 1984년에 도입됐는데, 새로 증서를 찍고 상장시키는 절차가 복잡하고(정확히는 귀찮아서) 널리 퍼지지 않다가, 2015년 즈음 금융당국이 지시하면서 확산되고 있다. 신주인수권증서 유통기한은 유상증자 기준일로부터 신주청약일까지 2주간이며, 그 후에는 효력이 상실된다. 멀쩡히 신주인수권증서까지 매입해놓고 유증 대금을 넣어놓지 않으면 효력을 상실하므로 미리 확인한 다음 돈을 입금해야 한다.

신주인수권증서 매매창은 각 증권사마다 이름이 다르기 때문에 '인수권'을 검색해보면 확인할 수 있다. 또 극히 일부의 투자자만을 대상으로 하는 서비스이다 보니, MTS에서는 할 수 없는 경우도 많다. 혹시 관심이 있다면 주거래 증권사 계좌를 확인해보라.

13. 이것마저 알려주마
- 권리공매도

공매도는 모르는 독자가 없을 것이다. 공매도 제도를 폐지하라고 목소리를 높이는 주식 투자자가 워낙 많기 때문에 공매도 제도 또한 널리 알려져 있다. 한마디로 설명하자면, 아직 내 손에는 없는 주식을 매도하는 것이 공매도라고 할 수 있다. 없는 주식을 먼저 판 다음에 나중에 주식을 사서 갚는 것이니만큼, 주가가 떨어질수록 유리하다. 10,000원에 먼저 팔아놓고 나중에 5,000원에 사서 갚는 식이다. 주가가 떨어져야 유리하다 보니 금융시장의 질서를 어지럽히는 원흉 취급을 받을 때가 많다.

권리공매도는 비슷한 것 같으면서도 다르다. 권리공매도는 유상증자나 무상증자로 받게 될 주식을 주식 입고일 이틀 전에 매도하는 것이다. 아직 손에 주식이 없기 때문에 공매도라고 표현할 뿐, 주가가 떨어져야 유리한 투자법인 일반적인 공매도와는 전혀 다르다.

권리공매도가 존재하는 이유는 다른 주식 매매와 마찬가지로 결제일 이틀 전에는 매매할 수 있어야 한다는 원칙 때문이다. 내가 유상증자 참여로 받게 되는 주식이 10일 들어온다면, 8일에는 매도할 수 있어야 한다는 말이다. 권리공매도는 어려운 개념 같지만, 익숙해지면 쉽게 할 수 있다. 무엇보다 유상증자 규모가 클 때는 권리공매도일에 매도 주문이 속출하면서 급락할 때가 많다. 권리공매도의 존재를 모르고 있다가 남들보다 싼 가격에 주식을 팔아야 하는 상황이 될 수 있으니, 알아둬야 할 것이다.

참고로 이 또한 모든 MTS가 제공하지는 않고 있다. 이름도 매입권리공매도, 입고예정주식공매도 등 증권사마다 다른 이름을 쓰고 있으니 미리 확인해두는 편이 좋다.

14. 증권사가 책임진다
- 풋백옵션

파생거래를 뜻하는 옵션은 미리 정해진 조건에 따라 일정한 기간 내에 상품이나 유가증권 등의 특정 자산을 사거나 팔 수 있는 권리다. 이 가운데 풋옵션은 사달라고 요구하는 권리다. 매도했던 자를 특정해서 사달라고 요구할 수 있는 권리를 풋백옵션이라고 한다. 약정한 날짜나 가격에 되사줄 것을 요구하는 것으로, 공모주의 경우 상장 이후 주가가 폭락하면 약정한 가격에 주관사에 되사달라고 청구하는 것을 뜻한다. 공모기업의 풋백옵션은 공모가의 90% 가격에 되사달라고 요구할 수 있게 정해져 있다.

모든 공모주가 풋백옵션이 있는 것은 아니다. 실적이 아니라 기술성 평가를 받아 상장하는 적자 기업의 경우 반드시 풋백옵션이 들어 있어야 하고, 그냥 상장기업이어도 주관사가 흥행을 일으키기 위해 넣는 경우가 있다. "최악의 경우에도 10%만 손해 보면 우리가 사줄 것이니까 걱정 말고 청약해라"라고 홍보하는 것이다.

풋백옵션과 관련해 투자자들이 크게 오해하는 것 중 하나는 모든 신규 상장기업 투자자가 풋백옵션 권리를 행사할 수 있다고 생각하는 것이다. 풋백옵션은 처음 공모에 참여한 투자자만 행사할 수 있다. 상장 첫날 주식을 매수했다가 10% 급락했다고 해서 주관사에 사달라고 요청할 수는 없다. 풋백옵션 행사를 염두에 두고 있다면, 공모 주식을 본인 명의의 타 증권사나, 같은 증권사라도 해도 가족을 포함한 타인 계좌로 이체하면 안 된다는 것을 염두에 둬야 한다. 풋백옵션은 청약한 계좌에 그대로 주식이 있어야만 행사할 수 있다.

90%의 행사가도 변동할 수 있다. 공모 청약자가 청구권을 행사한 날의 직전 매매 거래일 지수(코스닥지수, 코스피지수)가 상장일 직전 지수에 비해 10% 초과 하락한 경우에는 풋백옵션 행사가도 변동된다. 풋백옵션 행사가 조정 산식은 다음과 같다.

'조정 가격=공모가의 90%×[1.1+(일반 청약자가 환매청구권을 행사한 날 직전 매매 거래일의 코스닥지수-상장일 직전 매매 거래일의 코스닥지수)÷상장일 직전 매매 거래일의 코스닥지수]'

15. 이것마저 알려주마
- 전환사채, 신주인수권부사채

전환사채(영어 약자명 CB), 그리고 신주인수권부사채(영어 약자명 BW)를 알기 위해선 먼저 사채부터 알아야 한다. 사채는 사채업자 때문에 오인되는 측면이 있는데, 채권을 뜻한다. 돈을 빌리면 언제까지 몇 %의 이자를 지불해 원금까지 갚겠다는 것이 사채 이자 채권이다. 당연히 기업의 신용도에 따라 사채 이율은 달라지게 마련이다. 참고로 회사가 발행하면 회사채, 국가가 발행하면 국채, 지방자치단체가 발행하면 지방채, 금융회사가 발행하면 금융채 등으로 불린다.

전환사채는 주식으로 전환할 수 있는 회사채다. 최근 발행된 현대로템의 사채 사례를 들어보자. 국내 유일 철도업체이자

현대차그룹 계열사인 현대로템은 코로나19 여파가 한창이던 2020년 3월 전환사채 발행을 결정한다. 하필이면 주가가 한창 떨어졌을 때 발행해 상대적으로 발행 조건이 좋았다.

금융감독원 전자공시시스템에서 현대로템이 3월 25일 제출한 '주요사항보고서(전환사채발행결정)'를 보면, 현대로템은 2,400억 원 규모로 전환사채를 발행하기로 했다. 회사 운영 자금 1,650억 원, 채무 상환 자금 750억 원을 마련하기 위해서였다. 사채 이율은 표면 이자율 1%, 만기 이자율 3.70%로 적혀 있다.

표면 이자율은 겉에 나와 있는 이자율이라고 이해하면 되는데, 현대로템 100만 원어치를 들고 있으면 매해 10,000원의 이자가 나온다는 의미다. 그리고 만기 이자율은 채권 만기 때 연 3.70%의 이자를 한꺼번에 지불한다는 의미다. 통상 전환사채는 표면 이자율을 낮게 두고 만기 시까지 주식으로 전환하지 않으면 더 많은 이자를 지급하는 방식으로 설계된다. 참고로 채권은 보유 일수에 따라 과세된다. 연 1%의 이익을 수취하면 0.154%를 세금으로 떼게 되는데, 이를 일괄 계산해서 납부하는 것이다.

그런데 전환사채는 이자율이 중요한 것은 아니다. 주식으로 전환된다는 면을 언급했듯이 주식 전환 조건이 중요하다. 현대로템의 사례를 보면 전환가가 9,750원이다. 또 현대로템 주가가 하락하면 9,750원에서 전환가를 최대 30% 더 낮춰주는 리픽싱 조건이 붙어 있었다. 하지만 리픽싱은 필요 없었다. 앞에서 언급했듯이, 현대로템은 코로나 공포가 가장 극심했던 때 전환사채 발행을 결정했기 때문에 전환가가 상당히 낮은 편이기 때문이다. 현대로템은 7월 말, 주가가 17,000원대에 형성됐다.

9,750원에 주식을 전환해서 17,000원에 팔 수 있으니, 막상 주식 전환 뒤 매도할 수 있는 시점이 되면 물량 부담 때문에 주가가 떨어지겠지만 그래도 적지 않은 차익을 낼 수 있었다. 현대로템의 대표 주관사인 NH투자증권은 7월 17일부터 전환 청구를 받았고, 전환된 주식은 8월 중순 중 지급될 예정이다.

신주인수권부사채는 전환사채와 비슷한 듯하지만 다르다. 신주인수권부사채는 신주를 인수할 수 있는 권리가 부여된 사채다. 사채는 사채 그대로 있고, 주식을 사겠다고 행사할 수 있는 권리가 붙어 있는 것이다. 신주인수권부사채 또한 최근 발행한 사례가 있다. 한진칼이 그 경우인데, 마찬가지로 한진칼 공시를 살펴보자.

대한항공 최대 주주인 한진칼은 2020년 6월 1일 3,000억 원

규모의 신주인수권부사채 발행 계획을 공시했다. 조달하는 자금 3,000억 원은 채무 상환 자금에 1,000억 원, 타법인 주식 취득 자금에 2,000억 원을 쓰기로 했다. 타법인 주식 취득이란 코로나19 때문에 고통스러운 시절을 보내고 있는 대한항공에 투자하는 것이었다.

신주인수권부사채는 표면 이자율이 2.00%이고, 만기 이자율이 3.75%다. 표면 이자율은 1년에 지급하는 이자이고, 만기 이자율은 사채 만기일(보통 3년)에 맞춰 지급하는 이자다.

앞에서 말했듯이 주식을 살 수 있는 권리가 붙어 있는데, 이 권리는 신주인수권증권(혹은 워런트)이라고 한다. 유상증자에 참여할 수 있는 권리를 신주인수권증서라고 했는데, 이름이 비슷하면서도 다르다. 사실은 전혀 다르다고 할 수 있지만, 주식을 살 수 있는 권리라는 측면에서 보면 같다. 그렇기 때문에 신주인수권증서와 신주인수권증권을 하나의 창에서 매매할 수 있게 하는 증권사 HTS가 많다.

한진칼의 경우 신주를 인수할 수 있는 가격은 82,500원이다. 원래 90,600원으로 정해졌으나, 주가가 하락하면서 조금 낮아졌다.

한진칼 주가는 2020년 7월 29일 기준으로 85,700원이다. 이론적으로는 신주인수권증권 가격이 2,000~3,000원선에 형성 돼야 한다. 82,500원으로 85,700원짜리 주식을 사는 권리의 가격인 만큼, 두 가격의 중간선에서 결정되는 것이 합리적이기 때문이다.

하지만 해당 신주인수권증권인 한진칼3WR은 같은 날 22,750원에 거래되고 있다. 22,750원이라는 말은 82,500원에 신주인수권을 행사하면 105,250원에 주식을 사는 것과 같다. 차라리 장내에서 주식을 사는 것이 2만 원 정도 저렴한, 희한한 상황이 펼쳐진 것이다.

결론적으로 말하면, 이런 이상한 그림이 펼쳐지는 이유는 경영권 분쟁 때문이다. 2020년 현재 한진칼은 조 원태 회장과 강 성부 대표이사가 이끄는 KCGI, 반도건설, 조현아 전 대한항공 부사장 측의 이른바 '3자연합'이 경영권을 놓고 싸우고 있다. 양측이 지분 확보 전쟁을 벌이고 있기 때문에 신주인수권증권 가격이 이론적으로 말이 안 되는 수준으로 뛴 것이다. 3자연합 은 7월 23일 발표에서 "한진칼이 발행한 신주인수권증권 중 약 120만 주를 주당 25,000원에 공개매수하겠다"고 밝혔다. 공개 매수일은 8월 12일까지로 정했다. 한쪽 세력이 25,000원에는 사주겠다고 하니, 개인 투자자들이 더 뛰어들어 가격을 올려놓고 있다.

　참고로 말하면 신주인수권증권은 의결권이 없다. 당장 사둔다고 해도 주주총회를 열어 조 원태 회장을 교체할 수는 없는 것이다. 하지만 주식은 8만 원이고, 신주인수권증권은 2만 원대다. 훨씬 저렴한 값으로 회사를 압박할 수 있으니 나름대로 유용한 수단인 셈이다. 물론 자칫 잘못하면 2만 원 넘게 주고 산 신주인수권증권이 휴짓조각이 될 수도 있다.

　당연히 본체인 사채도 매매할 수 있다. 한진칼 신주인수권부 사채의 경우 사채는 '한진칼3'라는 이름으로 상장돼 있다. 신주인수권증서도 증권도, 사채도 모두 일반인에게 팔린 것은 장내 상장된다. 장내 상장돼 있다는 것은 HTS와 MTS로 매매할 수 있다는 뜻이다. HTS의 장내채권 항목을 보면 내가 투자한 사채가 보이고, 매매도 할 수 있다는 것을 확인할 수 있을 것이다. 사족인데, 한진칼3는 7월 29일 기준으로 9,822.0원에 매매되고 있다. 이는 연수익률이 4.479% 수준이라는 뜻이다.

16. 흔치 않은 공모주 투자, 우선주

우선주는 의결권이 제한되는 대신 더 많은 배당을 받는 주식이다. 그런데 주식 물량이 얼마 안 되다 보니 이상 급등이나 과열 현상이 벌어지는 때가 많다.

삼성중공업 우선주, 삼성중공우가 대표적이다. 2020년 6월 삼성중공업과 대우조선해양, 현대중공업 등 우리나라 조선 빅3는 카타르 국영 석유사인 카타르 페트롤리엄(QP)으로부터 대규모 액화천연가스(LNG)선 프로젝트를 따냈다. 2027년까지 LNG선 100척 이상을 수주하는 계약이다. 정확히 말하면 당시 발표한 계약은 LNG선을 정식으로 발주하기 전 선박 건조에 필요한 도크(공간)를 미리 확보하는 슬롯 약정이었다. 일반적으로 대규모 프로젝트는 정식 발주 전에 선박 건조 공간을 확보하는 계약을 맺는다.

모처럼 대형 희소식이 전해지자, 삼성중공업도 오르긴 했지만 삼성중공우가 날뛰었다. 삼성중공우는 3~4만 원이었던 주가가 6월 말 한때 96만 원까지 치솟았다.

혹시나 싶어 얘기하지만, 우선주를 미리 사두라는 얘기는 절대 아니다. 물량이 부족해 이렇게 이상 현상이 벌어지는 주식 중에 우선주가 있다는 것뿐이다. 아주 흔하진 않지만, 우선주 공모 청약도 있기 때문에 알아둘 필요가 있다.

우선주 중에는 재미있는 우선주가 많다. 2019년 8월 9일 상장한 CJ의 CJ4우가 그런 경우인데, 액면가 기준으로 2%를 우선 배당하는 조건이 붙어 있다. 여기까지는 다른 우선주와 똑같다. 그런데 이 우선주는 10년 뒤에 보통주로 전환할 수 있는 조건이 붙어 있다. 즉, 지금은 사두면 배당을 더 많이 받을 수 있고, 10년 뒤에는 보통주로 전환해 주요 의사 결정에 참여(의결권 행사)할 수 있는 것이다.

이런 괴상한 우선주가 탄생한 이유는 무엇일까? 회사는 공식적으로는 이 질문에 묵묵부답하고 있지만, 사실 자본시장 전문가들은 이 상품이 CJ그룹 후계자를 위해 나왔다고 생각하고 있다.

우선주는 기본적으로 보통주보다 저렴하다. 앞에서 말한 것처럼 삼성중공우의 경우도 있긴 하지만, 기본적으로는 거래량이 적고 의결권도 없다 보니 보통주보다 싸게 거래된다. CJ4우의 경우에도 2019년 8월 당시 CJ 주식은 7~8만 원에 거래됐지만 CJ4우는 5만 원에 거래됐다. 우선주 주가가 상대적으로 더 싸다 보니 후계자 입장에서는 일단 CJ4우를 사서 배당을 잔뜩 받았다가, 10년 뒤에 보통주로 전환해 회사를 물려받으면 된다. 배당도 받고, 증여세도 보통주 증여 때보다 30~50% 저렴하게 낼 수 있다. 회장(아버지)이 10년만 건재하면 되는 것이다.

실제로 CJ그룹 이재현 회장은 2019년 12월 10일 자녀들에게 각각 우선주 92만 주를 증여했다. 시장의 예측이 맞았음을 증명한 것이다. (다만, 코로나19로 주가가 급락하자 더 싼 가격에 재증여하기 위해 증여를 일단 취소했다.)

참고로 아모레퍼시픽그룹도 2006년에 이와 같은 전환우선주를 통해 수월하게 승계했다. 2006년 서경배 아모레퍼시픽그룹 회장이 아모레퍼시픽그룹 지주회사 전환 과정에서 장녀에게 전환 조건이 붙어 있는 신형 우선주를 증여한 바 있다. 장녀는 11년 뒤인 2017년 신형 우선주를 보통주로 전환했고, 이에 따라 지주회사인 아모레퍼시픽그룹 지분 2.93%를 확보했다.

여기에서 중요한 이야기가 나온다. 아모레퍼시픽그룹은 2019년 10월 10일에도 자회사 지분 확보를 명분으로 2,000억 원 규모의 전환우선주 발행을 결정했다. 마찬가지로 장녀가 지분을 늘리는 데 활용하려고 한 듯 보이는데, 중요한 것은 이번에는 개인 투자자들이 먹을 것을 남겨놨다는 점이다.

아모레퍼시픽은 2019년 10월 주주들을 대상으로 33,350원에 우선주 공모를 실시했는데, 일부 실권주가 나왔고 12월 초 일반을 대상으로 실권주 청약을 받았다. 청약 경쟁률이 87.08 대 1을 기록했으며, 아모레퍼시픽그룹 우선주는 상장 첫날부터 5만 원대에 안착해 50~60%의 수익률을 안겨줬다.

17. 이것마저 알려주마
- 코넥스, KOTC, 장외시장

코넥스시장은 초기 중소, 벤처기업의 성장을 지원하고, 하이 리스크 하이 리턴을 추구하는 모험자본의 선순환 체계를 구축하기 위해 2013년 7월 1일 개장한 제3의 주식시장이다. 자기자본 5억 원 이상이거나 매출액 10억 원 이상, 순이익 3억 원 이상 등 세 가지 조건 중 하나만 충족해도 일단 상장에 도전할 수 있을 정도로 문턱을 낮춰놨다.

그런데 코넥스시장은 앞에서 말했듯이 상장 과정에서 공모를 진행하지 않는다. 앞에서 설명한 경매매를 도입해야 할 정도로 주식 분산이 안 돼 있다 보니 거래량이 제한적일 수밖에 없다. 공모를 하지 않는 이유는 위험성 때문이다. 일반 개인 투자자들에게 성장성이나 안정성을 담보하지 못하기 때문에 공모 절차를 밟지 않는 것이다.

그러다 보니 주식 매매 때도 제한이 있다. 바로 예탁금이다. 2020년 7월 현재 계좌 예탁금이 3,000만 원 있어야 코넥스 기업에 투자할 수 있다. 개장될 당시에는 예탁금 규제가 3억 원이었는데 너무 높다는 지적이 나오면서 2015년 1억 원으로 낮췄고, 2019년 다시 한번 3,000만 원까지 하향 조정했다.

이런 시장이지만, 그래도 한 번은 살펴보라고 추천하고 싶다. 코넥스 상장기업이 코스닥시장에 상장하는 것을 이전 상장이라고 하는데, 코스닥 상장을 앞두고 코넥스시장에서 주가가 뛸 때가 많기 때문이다.

미세먼지 저감 및 2차 전지 업체 이엔드디가 대표적인 사례다. 2019년 1월 가격과 비교해 2020년 7월 주가를 보면 주식 투자자라면 누구나 군침을 흘릴 것이다. 이엔드디는 2018년 12월 367원이었던 주가가 2020년 7월 한때는 코넥스시장에서 28,400원까지 뛰었다. 이엔드디는 공모가 14,400원으로 코스닥시장에 상장했는데, 코넥스시장에서 워낙 많은 선취매 물량이 있었기 때문인지 코스닥시장에서는 비교적 부진했다. 7월 30일 오전에는 최고가가 19,650원으로 코넥스시장에서의 움직임에 비하면 부진했다. (그러다가 갑자기 급등하기 시작해 8월 11일 한때 34,200원으로 치솟았다.) 그래도 코넥스에서 상장 작업을 추진하는 초기에 주식을 샀다면 큰 이익을 낼 수 있었다. 이런 성공 사례를 보면, 코넥스시장에도 관심을 가지고 있어야 한다.

KOTC도 코넥스시장과 비슷하다. KOTC는 유가증권시장, 코스닥시장, 코넥스시장과 달리 운영하는 주체가 금융투자협회다. 금융투자협회는 증권업협회이던 시절, 잘 운영하고 있던 코스닥시장을 한국거래소에 빼앗긴 아픈 역사가 있다. KOTC 또한 주식시장 다변화를 위해 금투협이 개설했다. 원래 프리보드라고 하는 유명무실한 장외시장이 있었는데, 이를 2015년 KOTC로 개편하면서 유명한 장외 기업을 다수 유치해 인기를 끌었다. KOTC 종목 중에는 바이오 기업이 많고, 바이오 기업에 투자자들이 몰리면서 한때는 코넥스보다 훨씬 더 주목받기도 했다. 2020년 현재도 오상헬스케어, 비보존, 아리바이오, 와이디생명과학, 삼성메디슨, 메디포럼, 현대아산, 포스코건설, SK건설, 세메스 등은 거래가 많이 되고 있다.

KOTC에서도 코스닥시장으로 이전 상장하는 기업들이 있다. 2019년 하반기 이전에 상장한 지누스란 기업이 대표적이다. 지누스 또한 이전 상장이 결정된 이후 많이 올랐는데, 너무 많이 올라서 KOTC에서 상장 효과를 누리려고 막판에 매입한 사람들은 이엔드디처럼 큰 손해를 봐야 했다. KOTC시장에서는 10만 원 가까이 올랐으나 이전 상장 첫날 7만 원대로 고꾸라지면서(공모가도 딱 70,000원이었다) 장외시장에서 막판에 매입한 사람은 하루아침에 30%의 손실을 떠안아야 했다. 이전 상장한다고 해서 장외시장에서 주식을 마구 사면 안 된다는 것을 보여준 사례다.

공모주를 미리 살 수 있는 장외시장

이런 시장 외에도 장외시장이 있는데, 말 그대로 장외시장이다. HTS나 MTS에서는 거래할 수 없다. 비상장기업이어도 주식을 팔려는 사람, 사려는 사람이 있게 마련인데, 이런 사람은 어디로 가면 주식을 매매할 수 있을까?

38커뮤니케이션을 대표로 하는 사설 장외시장은 그래서 만들어졌다. 필자는 개인적으로는 38커뮤니케이션이 널리 알려진 계기가 삼성SDS라고 생각한다. 삼성그룹 오너 일가가 삼성SDS 주식을 보유하고 있다는 사실이 2000년대 초중반 검찰 수사 과정에서 널리 알려지면서, 삼성SDS 주식을 구하려는 사람들이 38커뮤니케이션을 찾았던 것이다. 때마침 삼성SDS는 임직원들에게도 주식을 배분했기 때문에 주식 물량 자체가 없지는 않았다.

다만 사설 장외시장은 많이 불편한 편이다. 아무래도 정규시장보다는 위험성이 크기 때문에 확실히 알아보고, 장외시장을 이용하더라도 38커뮤니케이션 등 업계 상위권을 활용하라고 하고 싶다. 38커뮤니케이션에서 거래하려면 주식 호가 게시판에서 개인들이 직접 호가를 제시한 다음 연락처를 주고받고 은행 계좌 이체 등을 통해 대금을 입금하거나 사설 브로커를 통해 거래해야 한다. 거래 수수료도 1.5%가량 내야 한다.

18. 공모가의 기준
- PER, PBR

PER은 주가이익비율의 약자이고, PBR은 주가자산비율의 약자다. PER은 기업이 이익을 내는 규모에 비해 주가가 싼지 비싼지를 추정하는 지표이고, PBR은 회사가 가지고 있는 자산 규모에 비해 주가가 싼지 비싼지를 추정하는 지표다. 두 지표 모두 상장기업의 증권신고서에 거론된다. PER로 적정가를 잡아내는 회사가 있고, PBR로 적장가를 추산하는 기업이 있다. 아무래도 기업 입장에서는 둘 중 유리한 것을 활용할 수밖에 없다.

2020년 7월 30~31일 공모 청약을 실시한 한국파마의 7월 28일 자 정정된 증권신고서 및 투자설명서를 보면, (주7) 부분에 'PER 적용 주당 평가가액'이 9,876원이라고 되어 있다. 회사의 기업가치와 경쟁사 주가를 감안해서 이 정도 가격이 적당하다고 보는 것이다. 9,876원을 기준으로 할인율 13.9~34.2%를 적용해 공모가 밴드로 6,500원에서 8,500원을 제시했고, 결국 기관의 뜨거운 청약 열기에 힘입어 8,500원보다도 높은 9,000원을 공모가로 결정했다.

공모가 선정 과정을 자세히 보려면 투자 설명서의 '인수인의 의견(분석 기관의 평가 의견)'을 보면 된다. 한국파마의 경우 PBR을 평가 대상에서 제외한 이유에 대해서도 기재돼 있는데, 다음과 같다. "PBR은 해당 기업의 주가가 BPS(주당순자산)의 몇 배인가를 나타내는 지표로 엄격한 회계 기준이 적용되고, 자산 건전성을 중요시하는 금융기관의 평가나 고정자산의 비중이 큰 장치산업의 경우 주로 사용되는 지표입니다. 동사의 경우 금융기관이 아니며 고정자산 비중이 크지 않아 순자산가치가 상대적으로 중요하지 않기 때문에, 가치평가의 한계성을 내포하고 있어 가치 산정 시 제외하였습니다."

한국파마의 주관사인 미래에셋대우는 경쟁사 기업을 업종 유사성, 사업 유사성, 재무 유사성으로 추리고, 경영상 변동 사항이 최근에 있었던 기업이나 PER이 50배를 넘는 종목은 적정가 계산 대상에서 제외했다고 설명했다. 유사 기업 중에는 셀트리온제약이 있었는데, 셀트리온은 PER이 505.9배로 너무 높아 계산에서 뺐다는 것이다. 이로써 남은 기업이 삼진제약과 유나이티드제약, 하나제약, 환인제약, 알리코제약, 삼아제약, 고려제약, 비씨월드제약이었고, 이 기업들의 평균 PER(19.5배)에 일부 할인율을 적용해 공모가를 산정했다.

PER은 마땅히 다른 지표가 없기 때문에, 자주 활용하지만 당연하게도 맹신해서는 곤란하다. 특히 바이오 기업은 해당 기업의 기술력은 다를 수밖에 없다. 그러니 단순 평균으로 적용해도 되느냐는 논란은 계속 일고 있다.

다행스러운 점은 공모주는 투자자들이 모두 비슷한 입장에서 비슷한 정보를 근거로 매매한다는 점이다. 최소한 공모주만 놓고 보면 경쟁사들의 평균 PER에 할인율을 대폭 적용했다고 발표하면 주가에 호재로 작용한다. 중장기적으로는 기업의 기술력, 오너의 경영 평판 등에 따라 주가가 엇갈리겠지만, 최소한 당장은 할인율에 믿음을 갖는 경향이 있다.

19. 이것마저 알려주마
- 스팩

스팩은 Special Purpose Acquisition Company의 줄임말로, 우리나라 말로 풀면 기업인수목적회사쯤 된다. 비상장기업 인수합병(M&A)을 목적으로 하는 상장된 페이퍼컴퍼니라고 이해하면 된다. 공모로 액면가에 신주를 발행해 다수의 개인 투자자의 자금을 모아 상장한 후, 3년 내에 비상장 우량 기업을 합병해야 한다. 일반 투자자들로서는 스팩 주식 매매를 통해 기업인수에 간접 참여하는 셈이 되고, 피인수 기업으로서는 스팩에 인수되는 것만으로 증시에 상장하는 효과가 있다. 우회상장과 유사한 구조다. 우회상장이란 거래소 허가를 받지 않고 상장해 있는 기업을 인수함으로써 사실상 증시에 합병하는 것과 똑같은 성과를 내는 것을 말한다.

스팩의 장점은 설령 인수합병에 실패해 청산하더라도 손실을 보지는 않는다는 점이다. 스팩은 보통 주당 2,000원에 공모한 뒤 상장하는데, 이때 모은 공모 자금을 은행에 예치해놓고 있다가 상장에 실패하면 이를 주주들에게 배당해준다. 3년 보유 시 이자라고 하기엔 미미하지만, 그래도 원금을 건질 수는 있는 수준으로 돌려받는다.

스팩 또한 좋은 투자처가 되곤 한다. 스팩은 사업이 없는 만큼 주가 변동성은 크지 않은데, 간혹 우선주처럼 스팩도 널뛰기를 할 때가 있다. 스팩은 보통 청약 경쟁률이 한 자릿수일 때가 많은데, 스팩 주가가 요동치는 시절에는 공모 참여로 많은 주식을 확보했다가 상장 이후 주가가 오를 때 매도할 수 있다.

2019년 상반기 분위기가 그랬다. 2019년 3~4월에 상장한 유안타제4호스팩, 케이비제17호스팩, 하이제4호스팩, 한화에스비아이스팩 등은 청약 경쟁률이 한 자릿수였다. 하지만 이상할 정도로 주가가 치솟았다. 특히 한화에스비아이스팩은 공모가 2,000원에 상장해 단숨에 9,700원까지 이상 급등했다. 그러자 그다음에는 스팩 청약 경쟁률 또한 치솟았다. 다들 뛰고 있으니, 너도나도 스팩 주식을 사고자 한 것이다. 5월 31일 상장한 유진스팩4호은 경쟁률이 300 대 1을 기록했고, 7월 15일 상장한 이베스트이안스팩1호는 무려 1,431 대 1을 기록했다.

스팩은 현금만 들고 있는 껍데기 회사인 만큼 그토록 많이 오르는 것은 비정상적이지만(스팩의 주가가 너무 오르면 장외 기업 입장에서는 비싸게 우회상장하는 것과 마찬가지인 만큼 스팩 합병을 검토조차 하지 않을 것이다. 차라리 다른 코스닥 기업을 통해 우회상장하는 방안을 논의할 것이다) 그런 것은 아랑곳 않고 스팩 주가는 치솟았다.

20. 보호예수,
길고 많을수록 좋다

보호예수란 단어의 사전적 의미는 증권회사가 투자자의 유가증권을 수수료를 받고 보관하는 일 또는 은행 등이 거래처의 귀중품·유가증권 등을 요금을 받고 보관하는 행위다. 하지만 적어도 주식시장에서는 이런 의미로 쓰이지 않는다. 보관해주는 것이 아니라 팔지 못하게 막는 행위로 인식된다.

신규 상장기업의 최대 주주는 주식을 약 1년간 팔지 못한다. 자본시장법과 금융위원회 규정, 거래소 상장 규정 등에 따라 최대 주주 및 인수인(상장 주관사)이 보유한 주식은 일정 기간 매도를 금지한다. 최대 주주 등의 지분 매각에 따른 주가 급락으로 일반 소액 투자자를 보호한다는 취지에서 만들어졌다. 상장하자마자 바로 팔아버리면 주식을 팔기 위해 상장한 것이라고 의심하는 것이다. 이때 "최대 주주의 주식은 1년간 보호예수된다"고 표현한다.

최대 주주만 보호예수를 하는 것은 아니다. 주요 주주는 물론, 벤처캐피탈(VC, 창업투자사) 지분도 적게는 1개월에서 많게는 6개월까지 보호예수가 걸리곤 한다. 주식 보유 기간이 2년 이상인 VC는 1개월, 그 이하이면 3~6개월 식으로 차등된다.

보호예수가 걸리지 않는 경우도 있다. 바로 코넥스시장에서 코스닥시장으로 이전 상장하는 경우다. 코넥스시장에 상장하고 몇 년 지나 코스닥시장으로 옮길 때, 새로 보호예수를 적용하면 이전 상장을 기피할 수 있다는 지적에 따라 제도를 개선했다. 이때는 VC 또한 보호예수 의무를 적용받지 않으니 예의 주시해서 매매해야 할 것이다.

우리사주조합도 보호예수가 1년 적용된다. 내부인인 만큼 단기간에 매도를 허용하면 시장 왜곡이 나타날 수 있다고 보는 것이다. 다만 퇴사하면 보호예수 없이 주식을 매도할 수 있다.

2020년 7월 SK바이오팜 급등 열풍이 불면서, 필자가 확인한 바로는 적지 않은 수의 직원이 퇴사를 선택했다. 일부 언론은 SK바이오팜 직원 5명 중의 1명은 퇴사했다고 보도하기도 했다.

우리사주조합은 보통 회사에서 낮은 이자에 대출을 실시해주는데, 퇴사하게 되면 이 대출금을 모두 갚은 후, 즉 대출로 산 주식 대금을 내 돈으로 메운 후에 퇴사 절차를 밟고 주식을 처분해야 한다. 상당히 번거로운 편이지만, SK바이오팜의 경우 워낙 차익이 커서 퇴사하는 직원이 많았다.

SK바이오팜 직원들은 1인당 평균 11,820주를 우리사주로 배정받았다. 공모가 49,000원으로 계산하면 무려 평균 5억 7,920만 원을 청약한 것이다. SK바이오팜은 7월 말 18~19만 원에 거래됐으니 인당 약 16억 원의 차익을 거두고 있는 것이다. 1년 뒤에는 주가가 어떻게 될지 모른다는 생각에 미리 청산하고 나가려는 직원이 많은 상황이다.

주식 매도 시기가 2021년 이후가 되면 2020년 말을 기준으로 대주주로 확정되어 추가 양도세를 매기는 것도 SK바이오팜 직원들 입장에서는 부담이 됐던 것으로 보인다. 대주주란 주식 보유 금액이 3~10억 원 이상인 개인 주주를 말한다. 연말을 기준으로 억대로 주식을 보유한 자는 이듬해 주식을 팔 경우 최대 27.5%의 차익을 양도세로 납부해야 한다. SK바이오팜 직원으로 있으면서 1년 보호예수를 거치면 세금이 대폭 늘어난다는 점이 '줄퇴사'의 이유가 됐다. 여러모로 제도 개편이 시급한 상황이다.

21. 기업의 가능성에 투자하는 기술특례 상장

기술특례 상장은 기술력이 우수한 기업에 대해 외부 검증기관을 통해 심사한 뒤 수익성 요건을 충족하지 못하더라도 상장 기회를 주는 제도로 2005년 도입됐다. 1호 상장기업은 그해 12월 코스닥시장에 상장된 바이로메드다. 바이로메드는 시가총액이 제약업계 매출 1위인 유한양행의 시가총액 2조 8,000억 원대를 훌쩍 넘은 4조 원까지 다다르기도 했다.

기술특례로 상장하려면 거래소가 지정한 전문평가기관(기술보증기금, 나이스평가정보, 한국기업데이터) 중 두 곳에 평가를 신청해 모두 BBB등급 이상을 받아야 하고, 이 중 적어도 한 곳에서는 A등급 이상을 받아야 한다. 이후 상장심의위원회를 통과하면 코스닥시장에 이름을 올릴 수 있다.

기술특례 상장과 비슷한 상장 요건이 두 가지 더 있다. 테슬라 요건 상장과 성장성 특례 상장이 그것이다.

테슬라 요건 상장의 정식 명칭은 '이익 미실현 기업 상장'이다. 미국의 테슬라가 만성 적자 기업임에도 상장 이후 글로벌 기업으로 발돋움한 사례가 있었으므로, 편의상 테슬라 요건으로 불린다. 테슬라 상장 기준은 △시가총액 500억 원 & 매출액 30억 원 & 2년 연속 매출액 증가율 20% △시가총액 500억 원 & PBR 200% △시가총액 1,000억 원 이상 △자기자본 250억 원 이상 △시가총액 300억 원 이상 & 매출액 100억 원 등으로, 일정 수준 이상의 시장 평가나 외형 요건을 갖춰야 한다.

성장성 특례 상장은 테슬라 요건 상장과는 달리 경영 성과를 보지 않는다. 한마디로 증권사가 기술을 보장하고 추천까지 하는 제도라고 이해하면 된다. 자기자본 10억 원 이상, 자본 잠식률 10% 미만 조건만 충족하면 되고, 주관사가 보증만 하면 된다. 다만 주관사는 의무가 주어진다. 바로 앞에서 설명한 풋백옵션이다. 상장 이후 주가 흐름이 부진하면 주관사는 공모가의 90% 가격으로 다시 사줘야 한다.

22. 마이너스 통장과 양편넣기

마이너스 통장은 은행이나 저축은행 등 금융기관이 정한 한도 내에서 일정액을 수시로 빌려 쓸 수 있는 대출 통장이다. 돈을 실제로 빼서 쓰지 않으면 이자를 물리지 않고, 이자는 매달에 정해진 날에 계산돼 출금된다.

마이너스 통장을 모르는 사람은 많지 않을 것이므로 공모주 투자자들이 유념해야 하는 양편넣기에 대해 설명하겠다. 사실 양편넣기는 은행원 용어로, 널리 알려져 있지는 않다. 하지만 개념 자체는 중요하다. 특히 공모주 투자에 있어서는 그렇다. 마이너스 통장은 1월 6일에 출금하고 7일에 상환하면 이틀치 이자를 낸다. 6일에 돈을 뺐다가 당일에 넣어도 하루 이자는 지불해야 한다. 양편넣기란 양쪽 날짜에 이자를 수취한다는 의미다. 주택 담보 대출이나 증권 담보 대출 등 다른 담보 대출들은 대부분 대출 설정일 다음 날부터 대출 이자를 수취하는데, 마이너스 통장은 급하게 쓰고 급하게 넣는 이용자가 많다 보니 하루치 이자도 매기는 것이다. 양편넣기의 반대말은 한편넣기로, 출금일 이후부터 이자를 떼는 것을 의미한다.

즉, 공모주 투자자들이 이틀 동안 돈을 빌리면 3일치 이자를 내야 한다. 주말이 끼어 있어서 나흘 동안 돈을 빌리면 5일치 이자를 납부해야 한다. 이를 잘 모르는 공모주 투자자들이 많다. 엑셀에 대출금과 이자, 공모주 매도 시 흑자를 내는 주가 수준까지 계산하면서 이자를 이틀치로 잘못 계산하는 투자자들이 많다. 이를 반드시 확인하고 공모주 매매에 나서야 할 것이다.

필자는 환불일에 따라 돈을 빌리는 곳을 달리한다. 간혹 하루 만에 환불해주는 증권사가 있을 경우에는 무조건 증권 담보 대출을 받는다. 증권 담보 대출은 2020년 7월 현재 이자율이 연 6.3~7.6%에 달하지만, 마이너스 통장은 이자를 이틀치 내는 데 반해 증권 담보 대출은 하루치만 내기 때문에 큰 차이가 없다. 그렇지만 환불이 나흘 정도 걸리는 날에는 SK바이오팜 같은 종목이 또 나오지 않는 이상, 무조건 마이너스 통장으로만 청약한다.

이렇기 때문에 다음 날 또 출금해야 한다면 마이너스 통장의 돈은 갚을 필요가 없다. 1일에 돈을 갚아봐야 2일에 다시 출금하면, 1일은 갚은 날이기 때문에, 2일은 출금한 날이기 때문에 모두 이자가 붙는다. 이럴 때는 굳이 계좌에 돈을 넣어두지 말고 차라리 연 1.5%의 이자를 지급하는 SBI저축은행 사이다통장에 돈을 넣어두기를 권한다. 사이다통장은 SBI저축은행이 예대율(대출 대비 예금 비율)을 관리하기 위해 만든 통장으로, 금액 제한 없이 1.5%의 이자를 지급한다(2020년 8월 기준). 오전 12시를 기준으로, 그 시간에 들어 있는 잔액의 이자를 계산해 매달 1일 이자를 입금해준다. 사이다통장은 참고로 지점 방문은 안 되고, 비대면으로만 개설할 수 있다. 연 2%의 이자를 지급하는 다른 통장들도 있긴 하지만 대부분 금액 규모 제한이 있기 때문에, 가장 편리한 SBI저축은행 사이다통장을 추천한다.

23. 공모주만큼 재미있는, 꾸준한 수익은 없다

공모주 투자를 추천하는 또 다른 이유는 재미있다는 것이다.

다른 주식은 대부분 엉덩이가 무거워야 한다. 테마주 투자에 재능이 있지 않은 이상은 내가 선택한 기업의 가치를 다른 사람들이 알아줄 때까지 버텨야 한다. 하지만 공모주는 상대적으로 잦은 매매를 해야 한다. 청약이 한창 몰릴 때는, 예를 들어 2020년 6~8월은 공모주 청약과 상장, 환불, 매매대금 이체 등이 하루 걸러 일어나는 경우가 반복됐다. 잦은 매매는 최소한 손해를 보지 않는다는 전제하에서는 무척 재미있으므로 공모주는 기본적으로 재미가 탑재돼 있다.

공모주는 심지어 안전하다. 청약 경쟁률이 어느 정도 되는 종목만 선택해서 한다고 하면 손실을 볼 확률이 낮다.

경쟁률이 높아도 손실을 보는 때가 없는 것은 아니다. 최근 사례로는 DB금융투자가 주관한 라파스라는 기업이 있었다. 2019년 11월 청약을 받은 라파스는 청약 경쟁률이 813 대 1을 기록했다. 라파스는 공모가가 공모가 밴드(24,000~28,000원)를 하회하는 20,000원에 결정됐는데, 그래도 90% 가격에 되사주는 풋백옵션 효과가 부각되면서 많은 돈이 몰렸다. 증거금이 2조 원가량 몰렸는데, 정작 주가는 부진했다. 시초가가 공모가보다 낮은 19,950원에 결정됐고, 이후 더 하락해 코로나 위기가 극에 달했던 2020년 3월에는 7,500원까지 추락했다. 하지만 이후로는 바이오 열풍이 불면서 한때 40,000원에 육박하는 수준까지 올라섰다.

아무튼 라파스 같은 사례는 그리 흔하지는 않다. 기본적으로 경쟁률이 높으면 이익을 취할 가능성이 높다. 손실을 볼 확률이 낮으면서 매매는 자주 하니 재미있는 것이 당연한 게 공모주 투자다. 수익률은 높게 찍히고 매매를 자주 하니 소소한 일상의 행복마저 느끼게 해준다.

한 시중 은행에서 근무하는 김모 프라이빗뱅커(PB)는 주요 고객 A씨의 사례를 필자에게 소개했다. A씨는 원래 은행 예금만 하는 사람이었다고 한다. 그 흔한 주가연계증권(ELS)도 절대 하지 않겠다는 입장이었다고 한다. 그러나 A씨는 사위의 소개로 2014년 제일모직(삼성물산) 공모주 투자에 뛰어들었고, 이후로는 공모주 투자 전문가로 변신했다. A씨는 약 20억 원가량의 은행 예금을 바탕으로 예금 담보 대출을 받아 공모주에 투자한다고 했다. A씨는 "주식이나 부동산은 신경 쓸 것이 많은데, 공모주는 안전하고 재미있으니 너무 좋다"고 강력 추천했다고 한다.

실제로 주식이나 부동산은 의외로 정신력이 강해야 한다. 2014년 이후 부동산(아파트)은 주구장창 오른 것만 같지만, 그래도 부동산 또한 '불안의 벽'을 타면서 오르게 마련이다. 이번에는 반드시 부동산을 꺾겠다는 정부의 엄포에 맞서야 하고, 무수히 많은 대책과 보유세·양도세 부과 개편 방안 등을 숙지해야 한다. 하지만 공모주는 그냥 순리대로 매매만 하면 된다. 이보다 좋은 투자를 어디서 찾을 수 있겠는가.

위험한 것을 넘어 애매하면 무조건 거르고, 이삭줍기로 나서야 한다. 그렇게만 하면 이보다 안전한 투자는 없다. 코로나로 기준금리가 0.5%까지 떨어진, 단군 이래 가장 재테크가 어려운 시절이다. 공모주를 하지 않는다면 마땅한 투자처가 없다. 비록

2020년 8월 현재는 주식시장과 부동산 모두 활황을 맞고 있지만, 이런 시절도 곧 끝난다. 공모주는 무조건 먹는 지금의 분위기도 언젠가는 가라앉을 것이다. 하지만 공모주는 애매한 종목만 거르면 그 어떤 시절에도 무조건 남길 수 있다. 바이오가 활황일 때는 바이오에, IT가 활황일 때는 IT에 투자하면 된다. 너무 많은 이익을 목표로만 하지 않으면 된다. 작은 이익을 반복적으로 획득하면, 어느새 눈덩이처럼 불어난 이익을 눈으로 확인할 수 있을 것이다. 0.5%까지 낮아진 금리는 최소한 공모주 투자자들에게는 최대의 호재다.

공모주 투자, 이것만은 절대 잊지 마라

1. 흐름과 유행이 있다

리츠는 Real Estate Investment Trusts의 약자로, 투자자들로부터 자금을 모아 부동산이나 부동산 관련 지분에 투자해 발생한 수익을 투자자에게 배당하는 회사나 투자신탁이다. 쉽게 얘기해 상장 당시 모은 돈으로 대출을 일으켜 부동산을 매입하고, 부동산 임대 수수료를 받는 투자 회사다.

2019년 최고 대박 공모주는 롯데리츠였다. 롯데리츠는 2019년 3월 설립됐으며, 설립 당시 현물 출자로 롯데쇼핑으로부터 롯데백화점 강남점의 부지를 취득했다. 그리고 공모 과정에서 받은 돈으로 롯데백화점 구리점, 광주점, 창원점, 롯데아울렛 청주점, 대구율하점, 롯데마트 의왕점, 서청주점, 대구율하점, 장

유점 등을 취득하기로 했다. 10개의 기초 자산을 확보하고, 여기서 임대료를 수취해 투자자들에게 연 6%대의 배당수익률을 지급하는 것이다.

당시 정부는 '리츠 띄우기'에 나서고 있었다. 부동산으로만 흘러가는 자금을 주식시장, 특히 리츠로 편입하면 부동산 과열도 가라앉고 안정적인 배당금 수취를 통해 건전한 투자 문화가 자리 잡을 것으로 기대했던 것이다. 이를 위해 리츠는 연 5,000만 원까지의 분리과세 혜택, 세율 인하 방안 등이 도입됐다. 롯데리츠는 이 같은 제도 개선 효과를 등에 업고 상장에 나섰다.

그런데 롯데리츠는 공모를 통한 모집액이 4,299억 원으로 적지 않았다. 그래서인지 청약 경쟁률이 63 대 1을 기록했다. 청약 증거금은 4조 8,000억 원을 기록했는데, 아주 많다고는 할 수 없지만 그래도 망했다고는 할 수 없는 수준이었다.

63 대 1을 기록했다는 건 1억 원 청약 시 317만 원어치의 주식을 받았다는 얘기다. 수백 대 1의 경쟁률을 기록하면 수십만 원어치 주식밖에 못 건지는데, 롯데리츠는 리츠이다 보니 상대적으로 경쟁률이 낮게 나와 수백억 원의 주식 확보가 가능했던 것이다.

그리고 중요한 것이 주가 흐름인데, 롯데리츠는 상장 첫날 상한가를 기록했다. 5,000원에 상장했으니 6,500원까지 오른 셈이다. 참고로 리츠는 최대 200%까지 오를 수 있는 일반 주식과 달리, 5,000원을 기준으로 최대 30%까지밖에 오르지 못한다. 그러나 상한가까지 오르면서 30%의 수익을 낼 수 있었다. 앞에 언급한 1억 원 청약자의 경우 95만 원의 이익을 낸 셈이다. 1억 원에 198만 원을 획득할 수 있었던 SK바이오팜만큼은 아니지만, 그래도 상당히 높은 편에 해당하는 수익률이다.

롯데리츠뿐만이 아니다. 롯데리츠 다음으로 청약을 실시한 NH프라임리츠도 317.6 대 1의 높은 경쟁률을 기록했고, 마찬가지로 상장 첫날 상한가까지 올랐다. 리츠 열풍이 불었던 시절이기 때문에 가능한 결과였다.

서두가 조금 길었는데, 여태까지 리츠를 설명한 주된 이유는 2019년 최고 대박 상품이었던 리츠가 2020년 현재는 공모주 투자자들에게 있어 골칫거리로 전락했기 때문이다.

미운 오리 새끼로 전락한 리츠

6월 공모를 실시한 이지스밸류리츠는 상대적으로 SK바이오팜 청약 열기로 관심이 뜨거웠기 때문인지 청약 경쟁률이 26.86 대 1로 그나마 선방했다. 하지만 7월 상장하자마자 첫날부터 공모가 대비 20% 내린 가격에 거래됐다. 미래에셋맵스제 1호리츠는 7월 공모 경쟁률이 9 대 1에 그친 데 이어 8월 5일 상장 이후 4,300원까지 하락했다. 또 마스턴프리미어1호리츠는 7월 청약 경쟁률이 잘 나오지 않아 아예 상장을 철회했고 이지스레지던스리츠는 경쟁률이 2.6 대 1에 그쳤다. 이지스레지던스리츠는 이지스자산운용이 강남구 삼성동의 한 아파트를 통매입했다가 팔아버리기로 한 부정적인 이슈가 있었기 때문인지, 납득하기 힘든 이유로 원래 7월 31일로 예정돼 있던 상장 일자도 늦췄다. 8월 5일 상장해 20% 가까이 내리면서 한때 4,000원이 깨질 뻔했다.

또 벨기에 정부기관이 입주해 있어 나름 관심을 끌었던 해외 글로벌리츠인 제이알글로벌리츠는 앞에서 짧게 언급했듯이 투자자들 관심이 너무 미적지근해 상장 주관사인 KB증권과 메리츠증권이 청약 마감 시간을 연장하기도 했다. 하지만 경쟁률은 0.23대 1로, 참패에 가까운 성적을 기록했다. 팔리지 않은 이 물량은 주관사가 전량 사줘야 하고, 당연히 주가에는 부정적으로 작용할 것이다. 주관사들은 미달이 난 주식을 보통 블록딜로 아주 싸게 처분해버린다. 다만 8~9%에 달하는 배당률이 주목받았기 때문인지 상장 첫날인 8월 7일 한때는 4,990원으로 공모가 인근까지 오르는 등 비교적 선방했다.

멋진 백조로 반전에 성공한 바이오

2020년 8월 현재 아주 뜨거운 바이오는 정반대로 2019년 당시에는 골칫거리였다. SK에서 분할 설립한 티움바이오의 경우, 만약 2020년에 상장했다면 전폭적인 지지를 받았겠으나 2019년엔 바이오 신뢰도가 떨어져 있다 보니 청약부터 완전히 망했다. 2019년 11월 상장한 티움바이오는 당초 공모가를 16,000원에서 20,000원까지 기대했으나 수요 예측 부진으로 12,000원에 결정됐고, 상장 당일 주가는 이보다 더 떨어져 11,000원을 기록했다.

2019년 바이오는 무척 처참했다. 한국거래소가 2019년 말 발표한 결산 실적에 따르면, 바이오 기술력을 근거로 2019년 상반기 상장한 이노테라피, 셀리드, 지노믹트리, 수젠텍, 마이크로지지탈, 압타바이오 등 6개 사는 모두 공모가를 하회했다. 바이오는 사기만 하면 떨어졌던 시절이다.

2020년 현재는 게임도 나름 인기주다. 코로나발 사회적 거리 두기로 인해 집에 갇혀 있는 사람이 늘어나면서 많은 사람들이 게임 시장에 유입되었고, 엔씨소프트, 넷마블, 웹젠 등 대부분 게임주가 오르고 있다. 하지만 2019년에는 게임주도 인기가 없었다. 당시 상장한 SNK는 상장 첫날부터 곧바로 곤두박질쳐 공모주 투자자들의 마음을 아프게 했다. 일본에 본사를 둔 SNK 는 '더 킹 오브 파이터즈'와 '사무라이스피리츠', '메탈슬러그' 등 유명 아케이드 게임의 지적 재산권(IP)을 다수 보유한 글로 벌 게임업체다. SNK는 40,400원에 상장했으나 반일 감정 등이 솟구치면서 상장 두 달여 만에 1만 원대까지 추락했다. 기관은 317 대 1, 개인은 185 대 1의 청약 경쟁률을 기록해서 아주 나 쁘지는 않았으나, 상장과 동시에 폭망했다.

2020년 현재는 바이오는 물론이고 2차 전지와 5G, 반도체, 소부장(소재·부품·장비) 등의 인기가 높은데, 이 또한 언젠가 는 시들해질 수밖에 없다. 2차 전지만 하더라도 과연 그렇게까 지 주가가 오를 만한 산업이냐는 물음표가 끊임없이 붙고 있다.

다행인 것은 우리는 주식 투자자가 아니라 공모주 투자자라 는 점이다. 증시 업황 변동은 크게 신경 쓸 필요가 없다. 흐름과 유행은 계속 바뀐다. 주식 투자자라면 업황 분위기 전환을 계속 고민해야겠으나, 공모주 투자자는 그냥 불어오는 바람을 제때 타기만 하면 된다.

2. 청약할 종목 제대로 고르는 법

필자의 사례인데, 기업에 폐가 될 수도 있을 거 같아 회사명은
밝히지 않겠다. 몇 해 전 빅데이터 활용 기업이 상장한 적이 있
다. 당시 필자는 빅데이터 전문가를 만날 일이 있어서 A사에 대
해 물었다. 이 전문가는 "완전히 거품입니다. 증권신고서에 몇
년 뒤엔 수백억 원 매출을 올릴 것이라고 해놨던데, 100% 불가
능합니다. 그 시장은 그렇게 커질 수 없습니다. 완전히 거짓말
이고, 이번에 상장하는 것 또한 회사 운영 자금을 마련하려고
하는 건데, 공모 자금 다 쓰면 회생할 길이 없습니다. 한국거래
소 상장심사팀에 전문가가 없는가 봐요. 그 기업은 아예 불가능
한 영역에서 애를 쓰고 있는 겁니다. 그리고 그 영역은 구글이

나 이런 쪽이 완전히 다 먹을 수밖에 없습니다. 회사 규모가 다르잖아요."

당시 필자는 이 전문가의 말을 믿고 청약을 패스했다. 하지만 청약 경쟁률은 1,000 대 1 정도를 기록했고, 주가는 단숨에 공모가의 2배 가까이 뛰었다. 청약 경쟁률이 높았던 만큼 초대박은 아니었지만, 그래도 이삭줍기 개념으로 보면 충분히 의미 있는 수준의 수익을 안겨준 것이다. 필자 입장에서는 그 전문가가 원망스러울 수밖에 없었다.

사실 궁극적으로는 전문가의 말대로 될 것이라고 생각한다. 인공지능(AI)이나 빅데이터, 우주개발 등의 분야에서 우리나라 기업이 미국 대형 기업을 당해낼 수가 없다고 본다. 실제로 그 회의 현재 주가는 공모가보다 낮은 수준으로, 공모가의 절반도 안 되는 가격에서 전전긍긍하고 있다.

그렇지만 공모주는 거품 덩어리 위에서 치고받는 싸움이다. 터널의 끝이 더 어두울지언정, 조만간 밝은 곳이 나올 거라고 믿고 투자자들끼리 서로 보지도 못하는 채 어둠 속에서 치고받는 영역이다. 인공지능이고 빅데이터고 기술력이 어떻고 하는 얘기는 장기 투자 때나 하는 얘기다. 한국거래소 상장심사팀이 상장을 승인한 기업은 어느 정도는 믿을 만하다고 보고, 일단은 불나방처럼 뛰어들어야 한다.

그런 의미로 굳이 공모주 기업을 깊이 공부할 필요가 없다. 잘 뛰어들고, 제때 빠져나오면 될 뿐이다. 어떤 의미에서는 아예 공부하지 않는 게 나을 수도 있다.

아니면 유명 블로거에 의존해도 괜찮다. 앞에서 언급한 '박회계사의 투자 이야기', '재테크의 여왕 슈엔슈', '넘버원의 먹고 즐기는 재테크 이야기' 등 각 영역의 전문가들의 분석만으로 충분하다고 본다. 박동흠 현대회계법인 회계사는 회계사답게 전문적으로 기업을 분석한다. 슈엔슈는 증권사 출신으로 비교적 소탈한 말투와 솔직한 분석으로 인기를 끌고 있다. 청약 여부를 공개하지 않는 박 회계사와 달리 슈엔슈는 청약 여부를 비교적 솔직하게 밝힌다. 넘버원은 한 기업의 공시 담당자라고 하는데, 분석력이 상당히 우수한 편이다. 셋 중 넘버원이 가장 눈높이가 높다(그러므로 청약을 자주 하지 않는 편인 듯하다).

필자만이 사용하는 핵심 청약 노하우를 몇 가지 적어보겠다.

경쟁률이 900 대 1을 넘으면 청약한다(대기업은 50 대 1)

필자는 되도록이면 청약 마지막 날 오후 3시 넘어 청약한다. 그리고 청약 경쟁률이 900 대 1을 넘을 것 같으면 무조건 청약

한다. 경험상 900 대 1이 넘는 경쟁률을 기록한 종목 중에서는 손해를 본 적이 없어서다. 아쉽게도 800 대 1을 넘을 때는 간혹 실패했기 때문에, 900 대 1을 안전선이라고 보는 것이다.

대기업은 기준이 조금 다르다. 대기업은 기업 규모가 크다 보니 청약 자금이 많이 몰려도 경쟁률이 낮아 보이는 착시 효과가 나타나기 때문이다. 2019년 3월에 상장한 현대오토에버가 그랬다. 현대오토에버는 청약 경쟁률이 345 대 1을 기록했는데, 앞서 소개한 900 대 1 기준으로 보면 한참 못 미친다. 하지만 현대차그룹 계열사이고, 덩치가 상당히 크다. 실제로 청약 증거금이 많이 몰려서, 2017년 진에어 이후 거의 2년 만에 처음으로 5조 원이 넘는 돈을 끌어모은 상황이었다. 덩치가 크기 때문에 상대적으로 경쟁률이 낮았다고 보고 청약에 참여했다. 결과는 성공이었다. 현대오토에버는 공모가 48,000원이었는데 시초가가 57.29% 높은 75,500원에 형성됐고, 시초가 형성 이후로도 계속 올라 9만 원에 근접한 수준까지 올라섰다.

대기업 계열사라고 무조건 잘되는 것은 아니다. 2019년 11월 청약한 한화시스템은 대표적인 실패 사례다. 한화시스템은 방산 및 IT업체인데, 비인기 업종인 데다 기관 대상 수요 예측에서 23.6 대 1이라는 부진한 결과가 나와, 공모가가 공모가 밴드의 최하단인 12,250원에 정해졌다. 이후 청약에서도 경쟁률이 16.8 대 1에 그쳤고, 상장과 동시에 5~10% 하락했다. 한화시스템은 청약 증거금이 6,780억 원이 모였는데, 코스닥 기업도 조 단위 자금은 끌어모으는 만큼 한화시스템의 실패는 예견돼 있던 것과 마찬가지였다. 필자는 경쟁률이 기본적으로 50 대 1은 넘어야 한다고 본다.

2010년 상장한 초대형주 삼성생명도 마찬가지였다. 2010년 5월 공모를 받은 삼성생명은 청약 증거금이 무려 19조 8,444억 원이 유입돼 최고 기록이었던 2007년 삼성카드(민간 기업 기준)의 청약 증거금 5조 9,570억 원을 큰 폭으로 뛰어넘었다. 당시 매일경제신문은 삼성생명의 공모 청약 성공 비결에 대해 다음과 같이 분석했다. "이처럼 청약경쟁률이 높았던 것은 저금리, 부동산 경기 침체 등으로 갈 곳 없는 부동자금이 넘쳐나는 데다 삼성 브랜드에 대한 기대감도 컸기 때문으로 분석된다. 실제 이번 청약에서 1인당 한도인 10만 주를 모두 채워 증거금 55억 원을 한꺼번에 집어넣은 큰손 고객도 상당수 있었다."

그러나 삼성생명은 상장 이후 주가 흐름이 좋지 못했다. 공모가가 110,000원이었는데, 시초가가 119,500원이었다가 막판 114,000원에 마감했다. 대출을 받아서 청약했다면 대출 이자도 건지지 못했을 수준으로 부진했던 것이다. 삼성생명은 생명보험사라는 업종이 그다지 매력적이지 않았고, 장외에서부터 주식을 들고 있던 외국인들이 한꺼번에 매도에 나섰다. 삼성생명은 결국 상장 이틀째에는 공모가를 하회했고, 2020년 현재도 부진한 주가 흐름을 잇고 있다. 참고로 삼성생명은 당시 청약 경쟁률이 40 대 1을 기록했다.

2016년 11월 상장한 삼성바이오로직스도 똑같다. 삼성바이오로직스는 2020년 현재는 80만 원대로 상당히 많이 오른 상태인데, 공모 청약 당시에는 골칫덩이 수준이었다. 삼성바이오로직스는 공모가는 공모가 밴드(113,000~136,000원)의 최상단인 136,000원으로 결정됐는데, 막상 장을 시작하니 장 초반부터 공모가를 하회하고 연일 쭉쭉 하락해 12만 원대까지 밀렸다. 당시 삼성바이오로직스의 청약 경쟁률도 45.34 대 1에 그쳤었다.

유통 주식이 공모주밖에 없으면 다시 본다

신규 상장기업은 상장 첫날 유통될 수 있는 물량이 어느 정도인가가 상당히 중요하다. 공모가가 비교적 싸게 결정됐다고 해도, 향후 전망이 좋다고 해도, 엄청나게 많은 투자자들이 당장 주식을 팔려고 하는 상황이라면 주가가 오르기 힘들다. 주요 주주가 일시에 주식을 처분해버릴 수도 있기 때문에 공모주 투자자들, 정확히는 신규 상장주를 노리는 주식 투자자들은 긴장하면서 상황을 지켜볼 수밖에 없다.

간혹 유통 주식이 공모주밖에 없는 경우가 있는데, 이럴 때는 기관이나 전문가 반응이 뜨뜻미지근하더라도 들어갈 때가 있다. 2020년 7월에는 엠투아이라는 기업의 상황이 그랬다. 엠투아이는 기관 수요 예측에서 평가가 썩 잘 나오지는 않았다. 스마트 팩토리 솔루션(Smart Factory Solution)을 제공하는 기업인 엠투아이는 희망 공모가가 15,600원에서 18,900원이었다. 공모가는 최하단인 15,600원에 결정됐는데, 전체의 39.5%인 기관이 15,600원보다도 낮은 공모가를 제시했다. 어쩌면 공모가를 낮춰야 하는 상황인데도 그냥 밴드 최하단 가격으로 확정한 것이다. 기관 참여 수도 483건에 그쳤고, 경쟁률도 61.70 대 1밖에 나오지 않았다. 기관이 별로라는 평가를 내렸으니, 마땅히 다른 공모주 경쟁사가 없었던 시점인데도 개인 경쟁률은 176.83 대 1밖에 나오지 않았다.

하지만 주가는 의외로 선방했다. 시초가가 18,850원으로 공모가 대비 21% 상승했다. 그러고도 조금 더 올라 최고가는

19,250원을 기록했다. 보통 주가가 20% 오르면 전액 대출을 받아 청약했다고 해도 흑자는 된다. 엠투아이는 경쟁률 또한 낮았기 때문에 아주 무시할 수만은 없는 이익을 낼 수 있었다.

다시 한번 강조하지만, 유통 주식수는 아주 중요한 지표가 될 수 있다. 공모주 투자자들이 공모가보다 낮은 가격에 던지지만 않으면 분명히 어느 정도는 오르기 때문이다. 그날 장 분위기가 좋다면 의외로 많이 오르는 경우도 있다. 물론 유통 주식이 공모주밖에 없어도 떨어지는 일은 있다. 방금 전 언급한 한화시스템도 유통 주식이 공모주밖에 없었지만, 모두 손절매에 나서면서 장 시작과 동시에 하락했다. 유통 주식이 공모주밖에 없다는 이유로 무조건 청약해서는 곤란하겠지만, 그래도 한 번쯤 다시 들여다볼 필요는 있다.

이벤트가 있으면 청약한다

앞에서 언급했던 한진칼 신주인수권부사채를 다시 한번 살펴보자. 주가를 둘러싸고 좋은 이슈가 있으면 공모 청약에 나서는 때가 있기 때문이다. 공모주든, 전환사채든, 유상증자든 모두 마찬가지다.

한진칼은 자회사 대한항공에 수혈할 자금을 마련하기 위해 청약에 나섰는데, 규모가 3,000억 원에 달하다 보니 7조 3,350억 원이 몰렸는데도 청약 경쟁률이 24.45 대 1밖에 나오지 않았다.

필자는 3자연합 측이 신주인수권증권을 공개 매수할 줄은 전혀 생각하지 못했지만, 그래도 양측의 지분 다툼이 치열하기 때문에 이벤트가 있을 것이라고 생각하고 조건이 그다지 좋지 않았는데도 소액 청약했다. 사실 사채 이자율은 연 3%대에 불과하고 전환가는 82,500원으로 상당히 높기 때문에, 종목 자체로 보면 투자 매력이 있는 건 아니었다. 한진칼은 오랜 기간 2~3만 원대에 머물렀던 종목이다. 게다가 코로나19 때문에 대한항공 정상화는 요원하고(추가 자금 투자가 필요할 수도 있고), 그 외의 사업도 기업 경쟁력 자체가 높다고는 할 수 없는 상황이었다. 오로지 경영권 분쟁, 대한항공의 주인이 바뀔지 모른다는 점 때문에 개인 투자자들이 달려들면서 주가가 올랐는데, 과열은 언젠가는 진정될 것이기에 82,500원에 주식을 살 수 있는 권리의 가치는 제로에 가깝다.

하지만 청약한 이유는 원금을 보존할 가능성이 높기 때문이었다. 사채는 회사가 망하지만 않으면 원금과 이자를 지급하는 구조다. 그러니 대한항공이 아예 망가지지 않는 이상 원금을 돌려받을 수 있다. 그리고 아직은 경영권 분쟁이 현재진행형이란

점 때문이었다. 뭔가 이벤트가 발생하면 신주인수권증권은 가격이 주식보다 저렴하기 때문에 더 널뛰기 할 수 있을 것이라고 봤다. 주식은 어차피 기대감으로 움직이는 것이기 때문에, 이벤트가 예정돼 있다면 청약하는 것이 좋은 결과로 이어질 수 있다.

VC는 개인 투자자의 적

VC는 벤처캐피탈의 줄임말로, 흔히 말하는 창업투자사다. 창업투자사는 비상장 초기 때 투자하는 경우가 많고, 상장한 기업의 주식을 장내에서 패대기(?)치는 전문가들이다. 필자는 아무리 좋은 종목이어도 보호예수가 걸려 있지 않은 창업투자사 물량이 많은 기업은 조심스럽게 접근한다.

몇 년 전 상장한 바이오 기업이 그랬다. 이 기업은 수요 예측 결과가 1,000 대 1 이상으로 나오고, 기관 투자자들이 의무확약한 비율이 30% 이상이었다. 앞에서 짧게 언급한 대로 의무확약 비율이란 주식을 한동안은 팔지 않을 테니 남들보다 더 많이 배분해달라는 기관 투자자들의 선언이다. 의무확약 비율이 30%가 넘는다는 건 당시 시장 분위기를 봤을 때 이례적이었다. 그런 의미로 공모주 청약 경쟁률도 아주 잘 나왔고, 주가 전망도 나쁘지 않았다.

그러나 VC 물량이 너무 많았다. 상장 첫날부터 팔 수 있는 기관 지분율이 40%에 달했다. 필자는 혹시나 하는 마음에 장 초반에 공모가보다 고작 30% 정도 높은 가격에 매도 주문을 내놨는데, 실제 이 기업은 딱 그 가격까지만 오른 뒤 줄줄 흘러 내렸다. 상장 첫날 시초가 대비 20% 하락했고, 그 이틀인가 뒤에는 공모가마저 내줬다. 3개월쯤 후에는 반토막이 났고, 그 이후에야 조금씩 반등하기 시작했다.

참고로 이 VC는 고작 주당 500원에 이 기업에 투자한 상황이었다. 이런 VC 입장에서는 몇백 원 더 비싸게 팔려고 타이밍을 재거나 기다리거나 하지 않는다. 수익을 빨리 확정지으려고 하고, 가장 매수 주문이 많이 몰릴 때인 상장 첫날 장 초반을 노린다.

퍼줄 준비가 돼 있는 대기업을 찾아라

중소형주는 기본적으로 이삭줍기 차원에서 나서야 하고, 상대적으로 크게 먹으려면 대기업을 노려야 한다. 지난해 가장 성적이 좋았던 종목은 롯데리츠와 현대오토에버도 대기업이었고, 2020년 8월 현재 가장 큰 성과를 준 종목은 SK바이오팜이다. 이렇듯 대기업을 잘 공략하는 것이 제일 중요하다. 그렇기 때문에 대기업의 현재 상황을 잘 살펴야 한다.

2014년 말, 삼성그룹주인 삼성SDS와 제일모직이 상장할 때의 일이다. 당시 삼성그룹은 이재용 부회장 중심의 지배 구조를 확정하기 위해 두 회사 상장을 추진하고 있었다. 그런데 제일모직이나 삼성SDS나 삼성그룹 황태자 이재용 부회장의 지분이 많아 주목을 받았던 기업들이다.

특히 제일모직은 이재용 부회장에게 지분을 몰아주기 위해 꼼수로 전환사채(CB)를 발행했다는 의혹을 받았던(사실이기도 한) 기업이다. 1996년, 제일모직의 전신인 에버랜드가 CB를 주당 7,700원(시세 85,000원)에 발행했는데, 다른 투자자는 모두 기권하고 이재용 부회장이 실권주를 매수해 에버랜드 지분을 늘린 사건이다. 이로 인해 이재용 부회장은 제일모직(에버랜드) 지분 25.1%를 갖게 됐다. 이 부회장 외에도 이부진·이서현 사장이 각각 8.37%를, 이건희 회장이 3.72%를 갖고 있다. 참고로 이야기하면 제일모직은 2015년 삼성물산과 합병했고, 2020년 현재는 삼성물산이라는 사명을 쓰고 있다. 삼성그룹은 이후로도 삼성바이오로직스 회계처리 위반으로 인한 상장 등으로 인해 여러 구설수에 휘말렸다.

공모주 얘기하다가 갑자기 불법 승계 논란을 언급한 이유는,

1996년 당시의 편법 CB 발행 사건이 제일모직, 삼성SDS의 공모 과정에 은근히 영향을 미쳤기 때문이다. 제일모직과 삼성SDS는 2014년 각각 주당 53,000원, 190,000원에 상장했다. 이는 장외 거래 가격에 비해 절반도 되지 않는 수준이었다. 만약 공모가마저 비싸게 형성됐다면 "또다시 이재용 배를 불리려고 국민들에게 피해를 끼친다"는 여론이 형성될지 모른다고 회사 측이 우려하고 공모가를 최대한 낮춘 것이다.

결과적으로 삼성SDS는 15조 5,000억 원이 몰려 134 대 1의 경쟁률을 기록했고, 제일모직은 30조 원이 몰려 195 대 1의 경쟁률을 기록했다. 두 종목은 싼값에 주식을 발행한 덕분에 상장 첫날 2배 가격으로 급등했다. 공모에 참여하고 2배 가격에 바로 팔았다고 가정하면 삼성SDS 투자자는 공모 투자액 기준으로 1.5%, 제일모직 투자자는 1%의 수익을 냈다.

2018년 7월 상장한 롯데정보통신도 유사한 사례. 롯데정보통신은 신동빈 롯데그룹 회장이 국정농단 후폭풍에 휘말려 수감 중일 때 상장했다. 당연히 공모가 산정 과정에서 회사 측은 욕심을 부리지 않았다. 공모가 29,800원에 청약 경쟁률은 불과 34 대 1을 기록했는데, 주가는 39,600원까지 상승했다.

롯데그룹은 아직 알짜 계열사가 남아 있다. 바로 호텔롯데다.

호텔롯데는 2017년에도 상장을 추진한 바 있는데, 사드 보복부터 온갖 상황이 꼬이면서 매번 좌초했다. 2020년에는 반드시 하겠다는 각오로 나섰지만, 코로나 때문에 다시 지지부진해졌다. 호텔롯데의 면세점은 글로벌 1위 면세점이고, 중국과의 관계가 완전히 개선되면 면세점 업황 또한 언젠가는 돌아올 것이다. 신동빈 회장 또한 아주 쿨한 성격이라, 필자는 호텔롯데 또한 비교적 좋은 조건으로 상장할 것이라고 생각한다.

반대로 신흥 IT 재벌들은 상당한 깍쟁이다. 모두 그렇다고 할 수는 없지만, 손해 보는 것을 별로 좋아하지 않는 경우가 많다. 많은 투자자들이 주목하는 공모주 중 어느 기업은 공모가를 영끌할 기세여서 주관사가 난처해하고 있다는 후문이다. 애초에 상장 작업을 위한 대표 주관사를 선정할 당시부터 공모가를 얼마까지 받을 수 있는지가 첫 질문이라고 하니, 크게 기대할 수는 없겠다.

연말에는 피하라

공모주 투자자들이 꼭 잊지 말아야 할 것이 연말에는 공모주 투자가 재미없다는 점이다. 한두 번이면 징크스라고 할 만하지만, 이제는 완전히 팩트로 입증되고 있다.

그 이유는 뒤에서 설명하고, 일단 수익률이 어떤지부터 보자. 최근에는 조사한 바가 없어서 과거 2017년 나온 BNK투자증권의 보고서를 차용한다. 2017년 기준의 얘기이긴 하지만, 2018년과 2019년에도 비슷한 기사가 쏟아진 만큼 매해 있는 일이라고 생각해도 된다. 참고로 한국경제신문은 2019년에는 12월 10일엔 '연말만 되면 싸늘… 공모주 12월의 공포'라는 기사를 실었고, 2018년 10월 22일엔 '연말 공모주 시장 부익부빈익빈 예고'라는 기사를 썼다.

월별 공모주 수익률을 분석한 BNK투자증권의 보고서를 보면, 2012년 1분기와 2분기, 3분기 수익률은 각각 79.9%, 25.3%, 37%였으나 4분기 수익률은 18%로 뚝 떨어진다. 2013년에도 1~3분기는 30%대 수익률이었으나 4분기는 25%로 떨어졌다. 2014년에는 1분기와 2분기는 각각 124.4%, 104.4%로 아주 좋았는데 3분기와 4분기는 47.8%, 39.4%에 그쳤다. 2015년에도 2분기와 3분기, 4분기는 각각 52.7%, 28.5%, 25.5%로 계속 미끄러진다. 2016년이 가장 극적인데, 1분기와 2분기는 34.1%, 31.5%로 양호했으나 3분기는 12.7%로 멈칫하더니, 4분기는 아예 마이너스 0.8%로 곤두박질쳤다. 당시 이 보고서를 쓴 최종경 애널리스트는 연말 공모주 수익률 부진은 상당히 심각한 문제라고 꼬집었다(최 애널리스트는 2020년 현재 흥국 증권에서 근무 중이다).

왜 그럴까? 이유는 여러 가지가 있다. 일단 상대적으로 좋지 않은 기업이 연말에 상장한다. 빨리 선보이고 싶은 기업은 후다 닥 하고, 나중에는 조금 애매한 기업을 상장시키는 것이다.

여기엔 복합적인 관계가 있다. 일단 한국거래소는 연초에 내 건 상장 목표를 맞추기 위해 기업들을 빨리 상장시키라고 주관 사를 압박한다. 기업 또한 어차피 상장할 거라면 빨리 하자는 입장일 수밖에 없다. 연말 상장 타이밍을 놓치면 그해 실적으로 이듬해 다시 처음부터 상장을 준비해야 한다. 올해 실적이 낫다 면 그렇게 해도 될 테지만, 대부분의 기업 오너는 기업이 가장 고점일 때 상장하고 싶어 한다. 그러다 보니 상장을 앞두고 최 대한 실적을 끌어내게 마련이고, 그로 인해 이듬해 실적은 기대 보다 좋지 않은 경우가 대부분이다. 올해는 기업이 상장해야 하 니 더 열심히 해달라며 영업 사원들을 독려했는데, 다음 해에 작년보다 더 해달라고 할 수가 없는 것이다.

더 큰 문제는 이런 기업이 한두 개가 아니라는 점이다. 다들 비 슷한 처지이다 보니 상장기업이 연말에 유독 몰린다. 2019년의 경우 분기별 상장기업은 1분기 16곳, 2분기, 20곳, 3분기 32곳,

4분기 45곳이었다. 연말에 너도나도 상장을 하겠다고 덤비고, 투자자들은 돈이 모자라고 하니 흥행에 참패를 기록할 때가 많다.

더군다나 증권업계는 통상 10월이면 결산을 마친다. 매매 수익률도 10월쯤에는 어느 정도 확정한다. 11~12월에는 내년 시즌을 위한 준비에 나서고, 그런 이유로 돈이 없어서 청약에 나서지 못할 때도 많다. 기관이 빠지면 수요 예측이 나쁘게 나올 수밖에 없고, 그 숫자를 눈으로 확인하니 개인 투자자들도 달려들기 어렵다.

투자자 심리도 연말엔 보수적으로 돌아서는 편이다. 연초엔 새 희망과 믿음으로 바이오나 2차 전지나 온갖 종목과 업종의 장밋빛 전망을 너그럽게 봐주지만, 연말엔 너도나도 결산하는 분위기이다 보니 공모 기업에 대해서도 깐깐한 잣대를 들이미는 것이다. 마치 신년 초에 들어서는 금연 결심에 나섰다가 금세 포기하는 것처럼, 투자 심리도 연초가 더 공모주에 적합하다.

이미 판 주식은 뒤도 돌아보지 마라

앞에서 말했듯이 공모주는 변동성이 크다. 하루에 10여 번 이상 VI가 걸리는 경우도 있다. 하루 거래 시간(6시간 30분) 동안 직전 가격보다 10% 이상 변동하는 일이 10여 번이나 발생한다는 의미다.

그런 만큼 나의 매도 가격에 일희일비할 필요 없다. 상장 이후 주가 흐름은 어느 누구도 맞히기 어려운 신의 영역에 있기 때문이다.

공모주는 쉽게 팔고 안전하게 팔기 위해 하는 것이다. 주가 흐름을 정확히 맞힐 수 있다면 공모주 따위 안 해도 될 것이다. 주가라는 놈을 도통 모르기 때문에 어쩔 수 없이 하는 게 공모주 투자다. 반대로 말하면 공모주는 편안하게 투자하는 것이 목적인데, 상장 이후 "조금만 늦게 팔았으면 10% 더 버는데"라고 생각해선 곤란하다. 상장 이후 주가 흐름은 공모주의 영역이 아니라 주식의 영역이다.

2020년 7월 13일 상장한 유전자 분석 서비스업체 소마젠은 그다지 인기가 없었다. 기관 경쟁률은 69.46 대 1에 그쳤고, 공모가도 공모가 밴드(11,000~15,000원)의 제일 하단인 11,000원에 결정됐다. 청약 경쟁률은 4.42 대 1밖에 기록하지 못했다. 단, 이 종목 또한 유통 주식이 공모주를 제외하면 60만 주(3.56%)를 들고 있는 개인 투자자 하나밖에 없었다. 이 인물이 주식을 한꺼번에 매도하지 않는다면 승부수를 걸어볼 만한 타이밍이었다.

필자의 지인 중 한 명은 필자로부터 이 설명을 듣고 소마젠을 청약했다. 하지만 경쟁률이 예상보다 너무 낮았다. 경쟁률이 높지 않으니 너무 많은 주식을 가져가게 됐다. 증거금율 50% 감안하면, 1억 원을 청약할 경우 무려 4,525만 원어치 주식을 받는 상황이었다.

필자의 지인은 주식 수도 너무 많고 해서 시초가 인근에서 팔아버렸다. 참고로 11,000원에 상장한 소마젠은 시초가가 11,650원이었고, 곧바로 상한가까지 뛰어 15,100원까지 올랐다. 그리고 그다음날도 상한가를 기록해 19,600원이 됐다. 그다음 날에도 장 초반에 급등해 단숨에 24,700원까지 상승했다. 들고만 있었더라면 따상에 근접한 수익률을 확보할 수 있었던 것이다. 4,525만 원어치 주식을 그대로 들고 있었다면 1억 158만 원이 됐다는 말이다. 총 투자금(1억 원)과 비교해도, 투자금을 고스란히 벌 수 있었던 대박 투자였던 셈이다. 하지만 필자의 지인은 장 초반에 팔았고, 수익률은 신기루처럼 사라졌다.

필자의 지인은 너무 싸게 팔았다며 안타까워했지만, 사실 주가의 흐름이란 결과론이다. 경쟁률이 한 자릿수에 그치면 상장 첫날부터 곤두박질칠 때가 훨씬 많다는 것을 감안하면, 그래도 돈을 벌고 나왔다는 데 의미가 있을 수 있다.

배가 너무 아파 도저히 견딜 수 없을 정도라면 차라리 이렇게 생각하라. "공모주가 항상 상장 첫날 아침에 급등했다가 급락하면 누가 공모주를 장내에서 매수하겠어? 가끔 이럴 때도 있어야 이 사람들(시초가를 공략하는 투자자들)이 계속 공모주를 사지. 지금은 안타깝지만 그래도 이번 경우를 보고 다음 공모주도 주식 투자자들이 아침 일찍 매수에 나설 거야. 그럼 난 더 비싼 가격에 공모주를 팔 수 있을 테니 괜찮아"하고 말이다.

자신 없으면 공모주 펀드

공모주 직접 투자가 자신 없거나, 시간이 부족하다면 공모주 펀드에 가입하는 것이 대안이 될 수 있다. 공모주 펀드는 펀드 자산의 일부를 공모주에 투자하는 것으로, SK바이오팜 같은 기업이 상장할 때는 수혜를 톡톡히 누리곤 한다. 통상 펀드 자산의 30%를 공모주에 투자하고 나머지 70%는 채권과 같은 우량 자산에 투자하곤 한다.

공모주 청약을 할 땐 개인에게 배정되는 공모주 물량보다 기관에 배정되는 물량이 절대적으로 많다. 개인은 보통 20%, 나머지 60%는 기관 몫이다(20% 우리사주 가정 시). 또 기관별로 동일한 수량을 배정하는 것이 원칙이다. 여기에서 수요 예측 때

비싼 공모가를 써내거나 매도 금지 확약(보호예수)을 건다든지 하는 식으로 당근을 내밀면 인센티브가 부여된다. 아무래도 기관은 개인보다 공모주의 기업 가치를 면밀히 파악할 수 있는 능력이 있다 보니, 공모주 펀드에 투자하는 것도 충분히 좋은 대안이 될 수 있다. 특히 공모주 펀드에 특화돼 있는 일부 중소형 운용사의 공모주 펀드가 여러모로 유리하다. 또 복잡한 청약 절차를 거칠 필요 없이 소액으로 공모주 투자가 가능하다는 점, 청약 증거금을 따로 낼 필요가 없고 한 번의 가입으로 다수의 공모 기회에 참여 가능하다는 점, 상장일 이전에 펀드에 가입하면 공모주 투자 효과를 누릴 수 있다는 점 등이 장점이다.

여러 전문가 글을 보다 보면 공모주 펀드는 중위험 중수익 상품이고, 장기 투자가 적합하다고 쓰여 있다. 하지만 필자는 동의하지 않는다. 대형 공모주가 상장할 때 단기로 접근하는 것이 훨씬 낫다고 본다.

그 전에 미리 언급하고 싶은 것은 어느 시장에 상장하느냐에 따라 다른 공모주 펀드가 유리하다는 점이다. 일단 공모주 우선 배정 하이일드 펀드란 것이 있다. 하이일드는 비우량 회사채를 말한다. BBB 이하 등급으로, 툭하면 자금난이라든지 이슈에 휘말리는 기업이다. 즉, 우량하지 않은 회사채를 매입하는 펀드를 대상으로 공모주 우선 배정이라는 혜택을 부여한 것이다. 유가증권시장 상장사가 상장할 때 하이일드 펀드는 10%의 주식을 우선 배정받는다. 왜 회사채 펀드에 이런 특혜가 부여됐을까? 과거 비우량 회사채가 시장에서 외면받을 때 인센티브로 부여된 것이다. 회사채 시장이 붕괴되지 않도록 하기 위해 부실 회사채를 사주면 우량 공모주를 가져갈 수 있도록 한 것이다. 비록 정상적인 당근책은 아니라고 할 수 있지만, 그래도 비우량 회사채 시장이 존속 가능하게 한 버팀목으로 인식되고 있다. 공모주 우선배정 하이일드 펀드는 원래 2020년 12월 말을 끝으로 사라질 예정이었으나 8월 현재는 연장 가능성이 확실해지는 듯한 분위기로 흘러가고 있다.

공모주보다 수익률이 좋았던 펀드들

그렇다면 과연 이 펀드들의 성적은 어땠을까? 일단 SK바이오팜 효과 때문에 일시적으로는 훌륭했다. 한국경제신문과 펀드 정보업체 에프앤가이드에 따르면, 다수의 하이일드 펀드 수익률이 큰 폭으로 개선됐다. 교보악사 공모주 하이일드 플러스 펀드는 불과 2020년 6월 말만 해도 2020년 수익률이 1.1%에 그쳤다. 하지만 SK바이오팜 상장 이후인 7월 8일 기준으로는

8.5%에 이른다. 1주일 새 7.4%p 오른 것이다. 특히 7월 3일 하루에만 3.3% 수익이 발생했다(기준가 기준). 상장 당일 SK바이오팜 주가가 159.2% 오른 게 하루 늦게 펀드 수익률에 반영된 것인데, 교보악사 펀드에 가입했다면 직접 SK바이오팜 청약에 나서는 것보다 좋은 결과를 거둘 수 있었다.

또 흥국 공모주 하이일드는 -0.3%였던 2020년 수익률이 같은 기간 6.4%로, KTB 코넥스 하이일드는 1.6%에서 5.8%로 뛰었다. KTB 공모주 하이일드는 3.0%에서 5.2%로 높아졌다.

2020년 하반기는 카카오게임즈와 빅히트엔터테인먼트를 시작으로 카카오페이지, 크래프톤 등이 상장할 예정이다. 또 2021년에는 SK바이오사이언스, 카카오뱅크 등이 상장할 계획이다. 공모주 하이일드 펀드는 유가증권시장에 상장하는 종목을 대상으로 우선배정 혜택이 있는 만큼, 이 종목들(대형주)의 상장 일정에 관심을 가질 필요가 있다.

코스닥시장에 특화돼 있는 공모주 펀드는 코스닥벤처펀드가 있다. 코스닥벤처펀드는 공모주 우선 배정, 소득공제 등의 혜택을 주는 대신 코스닥 및 벤처 기업에 자산의 50% 이상을 넣도록 한 펀드다. 코스닥시장 활성화를 목적으로 2018년 4월 출시됐다. 정부가 전폭적으로 밀어붙이면서 출시 한 달 만에 2조 원이 넘는 자금이 몰렸지만, 코스닥지수가 2018년에만 30% 가까이 급락한 영향으로 대부분 펀드가 마이너스를 기록하면서 "역시 정부 주도의 상품은 실패한다"는 오명을 뒤집어썼다.

코스닥벤처펀드는 코스닥기업 공모주 물량의 30%를 우선 배정받는다. 이 때문에 코스닥벤처펀드는 잇따른 구설수에도 불구하고 시점만 잘 잡으면 쏠쏠한 수익을 남길 수 있다.

에프앤가이드에 따르면, 2019년 1월부터 3월까지는 코스닥 벤처펀드의 성적이 아주 좋았다. 현대인베스트벤처기업&IPO 증권투자신탁은 당시 3개월 수익률이 28%를 기록했다. 삼성코스닥벤처플러스증권투자신탁과 KB코스닥벤처기업증권투자신탁도 20~22%를 달성했다. 가장 많은 자금(3,067억 원)이 몰렸고, 한때 -20% 가까이 갔던 KTB코스닥벤처증권투자신탁도 2019년 1~3월에는 20.38%를 기록했다. 10여 개 공모형 코스닥벤처펀드 중 브레인자산운용 상품만 제외하고 모두 두 자릿수 수익률을 기록했다.

당시 이처럼 코스닥벤처펀드 수익률이 좋았던 것은 공모주 영향이었다. 당시 보고서를 발간한 한국투자증권에 따르면, 2019년 2월 신규 상장한 셀리드, 에코프로비엠, 드림텍, 미래에셋벤처투자 등 4개 기업의 상장일 시초가가 공모가 대비 평균 33% 높았다. 또 공모주는 상장 직후 고꾸라진다는 인식과 달리 당시 이 종목들은 1개월 이후 수익률이 상장일 당시보다 우수했다. 당시 황준혁 KTB자산운용 펀드매니저는 필자에게 "2019년 1분기 신규 상장한 기업 중 향후 전망이 좋은 기업이 많았다. 특히 천보, 유틸렉스 등 장기간 락업(매도 제한)을 거는 대신 많이 배정받은 종목들의 주가가 많이 상승하면서 좋은 성과를 냈다"고 설명했다.

코스닥벤처펀드는 2019년 라임자산운용, 2020년 옵티머스 자산운용 등 사모 전문 운용사들의 잇따른 도덕적 해이로 큰 타격을 받았다. 하지만 우량한 운용사를 믿고 맡긴 투자자들은 공모주 강세에다 코스닥 활황이 겹치면서 남몰래 웃고 있다. 삼성 코스닥벤처플러스와 미래에셋코스닥벤처기업, 현대인베스트벤처기업&IPO, KB코스닥벤처기업 등은 연초 이후 8월 5일까지 각각 38.84%, 25%, 21%, 32.56%의 수익을 내고 있다. 은근히 입소문을 타고 있는지, 돈도 몰리고 있다. 5일 기준 코스닥벤처 펀드의 설정액 또한 4,838억 원으로 지난 3개월 전보다 550억 원 증가했다.

코스닥벤처펀드뿐만이 아니다. 에프앤가이드에 따르면 8월 5일 기준으로 최근 한 달간 공모주 펀드에는 1,639억 원의 자금이 순유입됐다. 같은 기간 국내 주식형 펀드 전체에서 2조 5,459억 원이 빠져나간 것과 대조된다. 설정액이 가장 많이 몰린 펀드는 유진챔피언 공모주증권투자신탁과 에셋원베스트공모주10증권투자신탁이다. 각각 414억 원과 337억 원의 자금이 몰렸다. 펀드를 너무 무시하지는 말라. 나름 전문가들이 고민을 거듭하며 운영하는 상품이다.

공모주 실전 노하우

1. 청약의 기술

노하우 1: 청약 우대율을 높여라

이제 청약하기로 결정했다면, 어떻게 청약하면 될지 고민해보자.

일단 청약에 앞서 우대 조건을 충족하는 것이 중요하다. 우대 조건은 증권사별로 조금씩 다른데, 사실상 우대고객이라고 해봐야 좋을 것이 전혀 없는 증권사가 있고, 파격적인 수준으로 혜택을 몰아주는 증권사가 있다. SK바이오팜의 주간사 중 하나였던 SK증권이 이런 경우였다.

일단 SK바이오팜의 주간사별 경쟁률을 보면 다음과 같다. 대표 주관사인 NH투자증권은 325.17 대 1을 기록했고 한국투자증권은 351.09 대 1, SK증권은 254.47 대 1, 하나금융투자는

323.3 대 1의 경쟁률을 보였다.

언뜻 보기에는 SK증권이 경쟁률이 제일 낮아서 SK증권에서 청약하는 것이 제일 나아 보였다. 하지만 결과적으로는 SK증권의 주고객이 아니라면, 어느 증권사에서 청약하든 큰 차이가 없었다. 그 이유는 바로 SK증권은 우대 고객에 특화된 정책을 펴는 증권사이기 때문이다.

SK증권 또한 일반 고객의 경쟁률은 317.79 대 1로, 300 대 1을 넘긴 다른 증권사들과 차이가 없었다. 하지만 SK는 우수 고객은 206.13 대 1, 최우수 고객은 131.89 대 1을 기록했다. 기존 SK증권 우대 고객은 많게는 3배 가까이 주식을 더 받을 수 있었던 셈이다. 그만큼 배정받은 주식을 소중한 VIP 고객들에게 따로 돌려놓는 것이다.

물론 SK증권 최우수 고객이 쉽게 될 수는 없다. 우대 조건을 살펴봤더니, △전월 예탁 자산 평균 잔액 10억 원 이상이면서 기여 수익 10만 원 이상 또는 △전월 기여 수익 누계 300만 원 이상이라는 조건을 충족해야 했다.

우수 고객 또한 아주 쉽지는 않은데, △전월 예탁 자산 평균 잔액 1억 원 이상이면서 기여 수익 10만 원 이상 또는 △전월 기여 수익 누계 30만 원이라는 이 조건을 3개월 연속 충족해야 공모 때 우대 조건을 받을 수 있다.

신영증권도 우대 여부에 따라 공모 청약 조건이 상당히 다른 증권사다. 신영증권은 우대 고객이 되는 것도 복잡하다. 자산은 10만 원에서 10억 원까지 10단계로 분류하고 있고, 자산 운용으로 인한 수익도 10개 레벨로 나눠놨다. 여기에다 거래 기간을 복합적으로 적용하고, 이를 직전 6개월간 성적을 반영해 우대 여부를 계산한다. 최종 점수가 70점 이상이면 로열(1등급), 60~70점이면 메자닌(2등급), 50~60점은 라벤다(3등급), 40~50점은 A(4등급), 40점 미만은 B(5등급)다.

신영증권이 2020년 6월에 공모 청약을 받은 기업이 있다. 바로 코로나 진단 기기를 만드는 제놀루션이다. 제놀루션 공모 청약은 일반은 1,118.33 대 1을 기록한 반면, 우대 고객은 315.58 대 1을 기록하는 데 그쳤다. 우대 고객은 일반보다 3~4배의 주식을 더 가져갈 수 있었다.

중소형사는 대부분 비슷하다. 아무래도 대형 증권사에 비해 고객층이 두텁지 않다 보니 공모를 미끼로 자산가들의 자금을 유치하려고 하고 있다. 교보증권도 전체 공모주의 40%를 VIP 고객에게 우선 배분한다고 쓰여 있다. 우대 조건은 창구 고객은 1,670만 원의 주식 거래 약정, 온라인 채널 고객은 1억 원의 거래 약정이 필요하다. 평균 잔액 기준으로는 주식이나 펀드, 신탁 계좌는 5,000만 원 이상의 잔액을 두면 된다. 이 또한 과거 3개월간 지속해야 해서, 청약을 앞두고 있다고 주식을 교보증권으로 옮겨놓은 뒤 일시적으로 우대 효과를 누리는 꼼수는 쓸 수 없다.

미래에셋대우도 원래는 우대와 일반에 크게 차등을 뒀다. 그러다가 2020년 1월부터는 우대와 일반은 청약 한도만 다르게끔 개선했고, 이마저도 4월 1일부터는 아예 폐지해 모두 최대 200%까지 청약할 수 있도록 했다. 필자는 과거 2014년에 삼성 SDS, 제일모직 상장 당시 제일모직 주식을 더 많이 받기 위해 우대 조건을 충족했었다. 그때의 기록을 찾아 보니 일반 고객 경쟁률은 245.98 대 1이었고, 우대 고객 경쟁률은 157.66 대 1이었다.

그 외에 신한금융투자와 대신증권, 한국투자증권, NH투자증권, 삼성증권, KB증권, 유진투자증권, 이베스트투자증권, 키움증권, 하나금융투자, IBK투자증권, 현대차증권, 한화투자증권, KTB투자증권, DB금융투자, 유안타증권, 메리츠종금증권 등은 모두 청약 규모만 제한하거나 아예 차별이 없다. 또 일반 고객의 경우 2,000~5,000원의 청약 수수료를 내야 하는 곳들이 있는데, 증권사마다 조건이 다르고 우대 고객이 아니어도 면제 조건을 따로 두는 증권사들이 많아 공모에 앞서 확인해보는 편이 좋다.

앞에서 얘기했듯이, 한국투자증권은 우대 고객이 아니면 청약 수수료를 2,000원씩 내야 하고 청약 규모도 제한되는 편이다. 그렇지만 공모주 시장의 강자 증권사이기도 해서, 아예 방치해놓을 수는 없는 증권사다. 그러므로 우대 고객 조건을 충족할 여유가 있다면, SK증권이나 신영증권, 교보증권과 같은 중소형주 증권사를 택하거나 한국투자증권을 선택하는 것이 나은 선택일 것이다.

아래는 2020년 8월 현재 한국투자증권의 우대 고객 조건표다. HTS나 홈페이지에서 쉽게 찾아볼 수 있다.

■ 청약자격 현황			평잔산정기준	고객등급기준
구 분	고객 정보		고객 가입 정보	
청약자격	영업점계좌(뱅키스다이렉트), 뱅키스계좌		영업점계좌(뱅키스다이렉트 포함) : 청약초일 개설분 제휴은행 뱅키스계좌(온라인 추가개설, 스마트폰 개설 계좌) : 청약일까지 개설분	
청약한도	최고우대 (청약한도 : 300%) (청약채널 : 온라인/오프라인)		청약일 전월 기준 아래 2가지 요건을 모두 갖춘 고객 -청약일 직전월 3개월 자산 평잔 1억원 이상 -청약일 전월 말일 잔고 5억원 이상	
	우대 (청약한도 200%) (청약채널 : 온라인/오프라인)		1.청약일 현재 또는 전월 말일기준 골드 등급 이상 고객 2.청약일 기준 당사 퇴직연금(DB형, DC형, IRP계좌) 가입고객 - 단, IRP계좌는 청약일까지 1천만원 이상 입금한 고객 3.청약일 전월 말일기준 연금상품 펀드매입금액이 1천만원 이상인 고객 4.청약일 직전월 3개월 자산 평잔 5천만원 이상 5.청약일 직전월 3개월 주식잔고 1억원 이상	
	일반 (청약한도 100%) (청약채널 : 온라인/오프라인)		청약일 직전월 3개월 자산 평잔 3천만원 이상 or 청약일 직전월 3개월 주식 약정 3천만원 이상	

가장 눈에 띄는 조건은 평균 자산이다. 3개월 평잔 3,000만

원 이상이면 100%, 5,000만 원 이상이면 200%로 우대해준다. 한국투자증권, NH투자증권, 삼성증권 등은 간단히 자금을 예치해두는 것만으로 이런 우대 혜택을 준다. 주식수를 2배로 받을 수 있는 1단계 수준의 예치 금액은 2,000~3,000만 원으로 비교적 높지 않은 편이다. 우대 고객이 되면 남들보다 2배~4배로 주식을 배정받을 수 있는 기회가 생기니, 자금 여유가 있다면 한국투자증권처럼 공모주 투자가 활발한 증권사에 우선적으로 자금을 비치해두는 것도 좋은 전략이다. 증권사들은 CMA계좌에 자금을 예치해도 혜택을 주기 때문에 조금이라도 이자를 챙겨주는 해당 증권사의 CMA계좌를 이용해야 하는 것은 두말할 필요도 없을 것이다.

2020년 현 상황상 SK증권 우대 조건을 충족해두는 것도 나쁘지 않다. SK증권은 SK바이오사이언스가 2021년 상반기 중 상장할 예정이라, 우대 조건을 만들어두는 것이 괜찮은 전략일 수 있다. 단, 2020년 8월 현재는 SK증권이 SK그룹 계열사가 아니고 사모펀드에 팔린 상태라 SK바이오사이언스 청약 때도 인수단에 100% 포함될 것이라고 확신하기는 어렵다.

각 증권사의 공모주 우대 조건을 일목요연하게 비교 확인하고 싶다면 앞에서 소개한 38커뮤니케이션 사이트에서 'IPO/공모' 탭을 누르고, 하단의 '공모주 청약 자격'을 확인하면 된다.

노하우 2: 가족 계좌를 활용하라

공모주는 중소형 종목이 대부분이다. 그러다 보니 1인당 청약할 수 있는 금액 자체가 1~2억 원 정도로 비교적 얼마 안 되는 경우가 비일비재하다. 그마저도 인기 있는 종목들은 쉽게 1,000 대 1의 경쟁률을 돌파하곤 한다. 그러다 보니 어떤 경우에는 억 단위 금액을 증거금으로 넣었는데 배정받은 금액이 10만 원도 안 되곤 한다. 대출받고, 이체하고, 청약하고, 매도하다 보면 수익금이 하루 인건비도 안 나와 허탈할 수도 있다.

수익률을 높이는 방법은 단 한 주라도 남보다 더 많이 받는 수밖에 없다. 증권사마다 우대율을 높이는 방법 말고 가장 좋은 방법은 가족 계좌를 활용하는 것이다. 가족 명의로 계좌를 만드는 순간 남보다 2배, 3배로 주식을 배정받게 된다.

가족 계좌의 경우, 주식양도 등으로 세금 걱정을 하는 독자들도 있을 수 있다. 그러나 다행히도 공모주를 위한 차명계좌 이용은 당국에서 허용해주고 있으니 걱정 안 해도 된다. 다만, 혹시 모를 뒷일을 위해 매도는 자신의 계좌로 옮겨서 하길 권장한다. 공모주는 상장 당일 8시면 계좌로 입고된다. 좀 더 일찍 일어나서 가족 계좌로 입고된 주식을 자신의 계좌로 이체하면 끝난다.

자녀 계좌 개설의 경우는 비대면이나 은행연계 계좌 개설이 되지 않는 경우도 있다. 일단 신한금융투자 한 곳은 여권이 있으면 비대면 계좌를 개설할 수 있고, 미래 · 한투 · 삼성 · NH 등 주요 증권사는 은행에서는 자녀 명의 계좌를 만들 수 있지만, 일부 중소형 증권사는 불가능한 것으로 안다. 직접 증권사에 미리 가서 개설해야 한다. 기본적으로 신분증, 가족관계증명서를 가져가야 하고 추가로 주민등록초본 등을 가져오라는 곳도 있으니 방문하기 전에 미리 증권사에 연락해 필요한 서류를 확인하는 게 좋다.

자녀 계좌도 추가적으로 개설하려면 20일이 경과해야 하는 게 원칙이다. 하지만 부모 계좌에 주식이 있거나 자녀 계좌로 일정 금액을 이체하면 예외로 개설해주는 경우가 있으니, 이 역시 증권사 방문 전에 미리 확인해보길 권장한다.

노하우 3: 증권 담보 대출도 활용하라

필자는 4개의 마이너스 통장을 갖고 있다. 회사 주거래은행 마이너스 통장과 케이뱅크, 카카오뱅크 마이너스 통장, 수협의 마이너스 통장이 있다.

　마이너스 통장은 되도록 많이 만들어두라고 하고 싶다. 마이너스 통장은 돈을 빼서 쓰지 않는 이상은 이자를 물지 않기 때문에, 은행이나 저축은행에서 개설 가능하다고 하면 만드는 것이 나쁘지 않다. 참고로 핀테크 어플인 '토스'를 추천한다. 토스를 통해 지방 은행이나 신협 등과 같은 중순위 은행권의 마이너스 통장을 비교적 좋은 조건으로 간편하게 개설할 수 있다.

　필자는 4개 마이너스 통장을 한도까지 꽉 채워 다 쓰고 있다. 2020년 2월부터 4월에 걸쳐 미국 주식과 국내 리츠, 주가연계증권(ELS) 등을 편입하는 과정에서 자금 동원이 필요했기 때문이다. 2020년 4월만 해도 코로나발 금융시장 혼란이 컸기 때문에 공모주 투자를 염두에 둘 수 있는 상황이 아니었다. 결과적으로 예상보다 빨리 증시가 정상화되고, SK바이오팜이 상장을 추진하면서 개인적으로는 큰 낭패를 겪을 수밖에 없었다. 당초 청약 때 쓰려고 했던 자금을 상당 부분 다른 데 투자해놨기 때문이다.

　결과론적으로 필자는 증권 담보 대출을 받아 SK바이오팜 청약에 나섰다. 증권 담보 대출은 증권사 계좌에 있는 주식이나 펀드, ELS 등을 담보로 돈을 빌리는 것이다. 필자는 미래에셋대우와 삼성증권, NH투자증권에서 담보 대출을 받았다. 금리는 미래에셋대우는 연 6.9%, 삼성증권은 연 6.3%, NH투자증권은 7.6%다. 은행 금리에 비하면 상당히 비싼 수준이라서 증권사들이 제발 담보 대출 금리를 낮춰줬으면 하는 바람을 가지고 있지만, 그래도 증권 담보 대출은 앞에 언급했던 대출 중 한편넣기에 해당하기 때문에 마이너스 통장보다는 실질 대출일이 하루 짧아 그나마 활용할 수 있다.

필자는 마이너스 통장 자금의 일부로 ELS를 편입했는데, 삼성증권의 경우 2020년 3~4월에 연 12~13%의 고이율 ELS를 많이 발행해 이를 먹으면서 공모주 투자 추가 수익도 얻으면 나쁘지는 않을 것이라고 봤다.

참고로 증권사별 대출 금리는 개인 조건에 따라 다르다. 그리고 이 계좌가 비대면 계좌인지, 증권사 지점에서 개설한 계좌인지에 따라서도 금리가 다르다. 미래에셋대우나 NH투자증권은 비대면 계좌에서 증권 담보 대출을 받으면 대출 금리는 최저 연 9.0%다. 삼성증권은 비대면 계좌라고 해서 차별을 두지는 않는 것 같다.

증권 담보 대출은 대출 금리가 비싸니 확실히 계산해야 한다. 적당히 계산해서 매매했다가는 오히려 힘만 쓰고 시간만 낭

비하는 게 될 수도 있다.

필자의 실제 사례를 소개하겠다. 2020년 7월에 IBK투자증권에서 공모를 실시한 이엔드디는 전액 증권 담보 대출로만 투자했다. IBK투자증권에서는 최대 청약 가능 수량이 22,000주였는데, 공모가가 14,400원이고 증거금율이 50%였다는 점을 감안하면 최대 투자액이 1억 5,840만 원이었다. 필자는 삼성증권에서 1억 5,000만 원, 미래에셋대우에서 840만 원을 대출받았다.

이엔드디는 환불일이 하루였다. 환불일이 짧았기 때문에 전액 증권 담보 대출로 투자금을 조달한 것이었는데, 대출 이자를 계산해보면 다음과 같다. 1억 5,000만 원을 연 6.3%로 빌리면 하루 이자는 25,890원이다. 그리고 840만 원을 연 6.9%로 빌리면 이자는 1,588원이다. 필자가 공모 자금을 대출받는 데 들인 이자는 총 27,478원이다. 이엔드디는 최종 경쟁률이 808.62 대 1이었고, 필자는 27주를 배정받았다. 공모가로 계산하면 총 388,800원어치 주식을 받은 셈이다.

필자가 이엔드디 매매를 통해 돈을 벌려면 388,800원으로 27,478원 이상의 차익을 남겨야 한다. 상승률로는 7%다. 7%만 오르면 본전이고, 그 이상이면 차익이 남는 상황이다.

결과를 보고하자면, 필자는 주당 18,950원에 주식을 매도했다. 수수료와 세금 등을 제하고 난 예수금은 508,515원이다. 매매를 통해 119,715원을 남긴 셈이고, 이자를 제하고 나면 총 92,237원을 번 셈이다. 1억 5,000만 원이 넘는 돈을 대출받아 투자한 것치고는 미미한 이익이지만, 그래도 이삭줍기 차원에서 보면 나쁘다고는 할 수 없는 결과였다.

증권 담보 대출을 받을 생각이 있다면, 2020년 8월 이후 시작되고 있는 이벤트를 노려도 나쁘지 않을 것 같다. 미래에셋대우는 다이렉트 계좌(비대면 개설 계좌)가 있으면서 한 번도 주식 담보 대출을 받지 않은 고객을 대상으로 연 2.2% 금리를 두 달간 제공하는 이벤트를 실시하고 있다. 이 이벤트는 10월 31일까지 진행할 계획인 것으로 알고 있다. 신용 융자와 매도 담보 대출, 주식 담보 대출이 모두 대상이다.

이외에 하이투자증권이 비대면 계좌를 개설하면 1년간 대출 금리 연 2.99%, 그 이후로도 3년간 대출 금리 연 4.5%를 제공하는 이벤트를 실시하고 있다. KTB투자증권도 비대면 계좌 개설 이후 1년간 대출 금리를 연 3.99%로 제공하되, 주식 이관을 하면 최대 1%p 대출 금리를 깎아주는 이벤트를 실시하고 있다. KTB투자증권 이벤트는 9월 이후로도 진행될 것으로 보인다.

이베스트투자증권, 키움증권 등도 신규 계좌 개설 고객에 한해 담보 대출 금리를 연 4.99%선으로 제공하는 이벤트를 실시한다. 그리고 이 책이 출간된 이후로도 유사한 이벤트가 다수 나올 것으로 짐작된다. 대출 수요는 충분한 반면, 공급이 모자라기 때문에 증권사들이 이 시장을 호시탐탐 노리고 있는 상황이기 때문이다.

공모주 투자 목적이 아니라 중장기로 대출을 받을 거라면 한국증권금융에서 주식 담보 대출을 받아도 된다. 한국증권금융의 존재는 대부분 일반인에게는 낯선 편인데, 애초에 증권 대출을 위해 존재하는 기관이다. 국내 유일의 증권 금융 전담 회사로, 증권을 담보로 금융 투자업자에 자금을 대출해주거나, 투자자 예탁금을 맡아 운용하는 업무를 하고 있다. 증권 금융 대출은 일반 증권사 대출에 비해 1년가량 장기 대출이 가능하고 금리도 저렴한 편이다. 8월 기준 연 2%대 금리를 제공하고 있다. 대기업 주식이 비교적 담보 평가액이 높으며, 평균 약 50% 정도 적용된다.

증권 금융 대출을 이용하려면 한국증권금융으로 주식을 이관해야 한다. 당연히 매도는 불편하며, 일부 수수료가 발생할 수 있다.

노하우 4: 최대한 늦게 청약하라

일단 청약은 마지막 순간까지 경쟁률을 보고 하는 것이 좋다. 특히 정확히 물량 계산을 하고 싶을 때는 더욱 그렇다.

필자는 경쟁률이 3,000 대 1 이상이 나온 이루마의 경우, 청약 마감 직전인 3시 55분쯤 주문을 넣었다. 4,950만 원을 넣어 11,000주를 청약했는데, 마지막 순간에 청약을 넣은 이유는 대출 이자를 조금이라도 줄이기 위해서였다.

경쟁률이 3,000 대 1이라는 것은 수백만 원 정도의 청약금 차이는 아무 의미가 없다는 걸 뜻한다. 필자는 11,000주를 청약했는데, 경쟁률(3,040 대 1)을 감안하면 3.62주를 배정받는다. 12,000주를 청약해도 3.95주, 1만 주를 청약해도 3.29주, 9,000주를 청약해도 2.96주, 8,000주도 평균 2.63주이고, 7,000주를 청약해도 2.30주였다. 때에 따라서는 12,000주 청약자나 7,000주 청약자나 똑같이 3주를 받는 데 그칠 수 있다. 이럴 때는 굳이 무리해서 1,000~2,000만 원 더 청약하려고 애를 쓸 필요가 없는 것이다. 그래서 막판 경쟁률을 보고 합리적인 선에서 청약을 마쳤다.

11,000주를 청약하면 평균 3.62주이고, 잘하면 4주를 받을 수 있겠다 싶어서 모험을 걸었던 것인데, 아쉽게도 3주 배정에

그쳤다. 반올림하면 4주인데, 반올림이 항상 딱 맞아떨어지지는 않는다. 증권사는 안분 배정하고 남는 주식은 뺑뺑이를 돌려서 배분하기 때문이다.

물론 3.8~3.9주로 나오면 보통은 4주를 배분받기는 한다. 하지만 그렇다고 100% 확신할 수 있는 것은 아니다. 평균으로 보면 8.2주쯤이었는데, 9주를 배정받은 적도 있다. 정확한 구조는 모르겠지만, 3.7주라고 하면 추가 배분을 받을 확률이 말 그대로 70%일 뿐이지, 받을 것이라고 확실히 보장할 수는 없는 구조라고 보면 된다.

노하우 5: 중소형 증권사를 택하라

주관사가 여러 곳이면 되도록이면 소형사로 하는 것을 추천한다. 결국 소형사 경쟁률이 더 낮게 나오기 때문이다. SK바이오팜처럼 작정하고 덤비는 투자자들이 많을 때는 당연히 청약 경쟁률이 비슷하게 나오지만, 대부분의 중소형주는 의외로 경쟁률 격차가 크다.

7월 29~30일 청약한 한국파마는 전체 경쟁률이 2,036 대 1이었지만, 미래에셋대우와 SK증권의 차이는 컸다. 미래에셋대우는 2,230.24 대 1을 기록했고, SK증권은 933.5 대 1을 기록했다. 물론 앞에서 말했듯이 SK증권은 우대 고객과 일반 고객 간의 격차가 크다. 하지만 일반 고객이었어도 SK증권이 나았다. SK증권 최우수 고객은 경쟁률이 175.06 대 1이었고, 우수 고객 경쟁률은 419.99 대 1이었다. 하지만 일반 고객 경쟁률도 1,166.89 대 1로, 미래에셋대우의 절반 정도에 그쳤다. SK증권에서 청약하는 게 미래에셋대우보다는 훨씬 나았던 것이다.

현대로템 실권주 청약도 마찬가지였다. 대표 주관사는 NH투자증권이고 인수단으로 현대차그룹 계열사 현대차증권이 나섰는데, 전체 경쟁률은 47.72 대 1을 보였으나 NH투자증권 경쟁률이 50~60 대 1을 기록했고, 현대차증권 경쟁률이 10 대 1 정도를 기록했다.

물론 대형 증권사, 익숙한 증권사를 선택하는 게 때론 나을 수 있다. 중소형 증권사는 한꺼번에 주문이 몰리면 오류가 나는 빈도도 높다. 하지만 익숙하지 않은 것이 문제라면, 평소보다 1~2분만 일찍 접속해 이리저리 둘러보면 MTS는 대부분 비슷하므로 실수를 줄일 수 있다. 그보다 중요한 것이 더 많은 물량을 가져가는 것이다. 물론 주문 오류 가능성을 무시할 수는 없겠지만, 그래도 필자는 더 많은 주식을 가져갈 수 있는 길을 택하는 게 낫다고 본다.

노하우 6: 매도 잘하는 기술

본래 사는 것보다 파는 게 중요하다. 공모주도 마찬가지다. 어떻게 팔아야 아쉬움을 최소화할 수 있을까?

일단은 공모주는 되도록 상장 첫날 파는 것을 추천한다. 이틀 이상 가져가는 것은 주식 투자이지, 공모주 투자가 아니다. 또 하나. 공모주는 대체로 기업이 속해 있는 업황 및 주가가 좋을 때 상장한다. 2차 전지 인기가 높을 때는 2차 전지 기업이 많이 상장하고, 바이오 분위기가 좋을 때 바이오 기업이 많이 상장한다. 상대적으로 고점일 때 상장하다 보니 이후에는 줄줄 흘러내리는 경우가 많다.

그렇다면 상장 첫날 언제 파는 것이 좋을까? 투자자들이 사용하는 전략은 크게 두 가지다. 시초가에 파는 사람이 있고, 첫날 종가에 파는 사람이 있다. 공모주는 장기 투자로는 성과가 잘 나지 않기 때문에, 되도록이면 첫날 파는 것이 좋다. 따상에 이어 다음 날에도 급등할 것으로 예상되지 않는 이상은 말이다.

여하튼, 공모주를 언제 파는 것이 좋은지는 닭이 먼저인지, 달걀이 먼저인지 하는 문제 이상으로 증권가에서 고민거리다. 이와 관련한 전문가 분석부터 소개해보겠다.

2019년 4월, 하나금융투자의 유명 스몰캡 애널리스트인 이

정기 팀장은 김두현 애널리스트, 안주원 애널리스트, 연정훈 RA(리서치 어시스턴트, 보조 애널리스트), 이정원 RA, 김규상 RA와 함께 대대적으로 IPO 수익률을 분석했다. 2015년부터 2018년까지의 공모주 수익률을 시초가, 첫날 종가, 그 외 기간 별과 함께 유통 가능 주식 비율, 기관 경쟁률 및 의무확약 유무, 업황, 공모가 확정 수준별 평가 수익률 등으로 나눠서 분석한 것이다.

보고서에 따르면 2015~2018년 상장기업들은 공모가 대비 시초가 수익률이 31.4~34.5%를 기록했다. 상장 첫날 종가 수익률은 20.3~35.3%를 기록했다. 통상 시초가에 파는 것이 유리했다는 얘기다. 하지만 2018년부터는 다른 모습이 나타나고 있다. 2018년은 시초가 수익률(31.4%)보다 종가 수익률(35.3%)이 더 높았다. 2019년에도 마찬가지였다. NH투자증권 노동길 애널리스트가 2020년 초에 발표한 자료에 따르면, 2019년은 공모가 대비 시초가 수익률 평균은 27.4%였다. 그리고 종가 수익률은 95.8%로 2010년 이후 가장 높았다고 한다.

2020년 상반기 현재는 종가에 파는 것이 낫다. 신영증권에 따르면 2020년 상반기는 공모가 대비 시초가 수익률이 36.1%를 기록했고, 공모가 대비 상장 당일 종가 수익률은 42.4%에 달했다.

　그러면 무조건 첫날 종가에 파는 것이 나을까? 하지만 여기
엔 착시가 하나 있다. 바로 시초가 가격이 공모가의 2배가 됐을
때인데, 이때 수치가 왜곡된다.

　SK바이오팜을 예로 들면, SK바이오팜은 공모가가 49,000원
이기 때문에 시초가는 100% 오른 98,000원이다. 그리고 이 가
격이 바로 시초가로 계산된다. SK바이오팜을 이 시초가에 파
는 사람이 많이 있었을까? 거의 없었을 것이다. 하지만 평균 계
산에는 시초가 수익률이 이렇게 100%로만 잡힌다. SK바이오
팜은 바로 30% 더 뛰었기 때문에, 종가 수익률이 30%를 더 먹
어버리는 것이다. 올해 곧바로 더블로 시작한 제놀루션, 에이프
로, 위더스제약, 엘이티, 티에스아이 등 수많은 기업의 수익률
이 이렇게 왜곡돼 나타났다. 그렇기 때문에 시초가는 수익률 계
산에서 철저하게 불리한 구조다. 이 숫자를 덜어내고 나면, 종
가 매도가 시초가 매도보다 반드시 유리하지는 않은 숫자가 나
올 것이라고 확신한다.

　그렇다면 필자는 어떻게 매도할까? 필자는 유통 주식 물량에
따라 다른 전략을 구사하고 있다. 일단 유통 주식이 50~70%로
많을 때는 오전 8시 59분 55초쯤(59초에 주문을 내면 안 먹힌

다)의 가격보다 10% 높은 가격에 내놓는다. 그러면 보통 팔린다. 시초가보다 높은 가격에 팔릴 때도 있고, 가끔은 최고가를 기록하게 될 때도 있다. 분명히 말하지만, 8시 59분 50초 이후의 주문은 매수 주문뿐이다. 춤을 추던 동시호가도 이때만큼은 대부분 오르는 쪽으로 방향이 잡힌다.

유통 주식이 전혀 없다면 기대감을 가지고 시초가보다 20%쯤 더 높은 가격에 내놓는다. 이때는 주가가 매도가를 훌쩍 뛰어넘을 때가 있고, 정반대로 시원찮을 때도 없지 않다. 어쨌든 되도록 이 가격을 맞추려고 한다.

가격대에 따라 대략 10~20% 높은 가격이 어느 정도인지 머릿속에 암기해두고 가격을 넣는다. 바쁠 때는 시초가에 팔 때도 있는데, 되도록 최고점 가격에 파는 것을 시도해본다. 하지만 굳이 추천하고 싶지는 않다. 잘 안 될 때도 많기 때문이다. 특히 비싼 가격에 팔려고 했다가 주문이 한꺼번에 쏟아지면서 아예 체결이 안 되는 경우도 없지는 않다. 초보자에게는 이렇게 매매하라고 권하고 싶지 않다.

시초가가 더블로 시작할 때는 반드시 오전 9시 1분쯤 주문을 낸다. 이때도 마찬가지로 시장 상황을 보고 결정하는데, 대체로 15~20% 오른 가격에 주문을 넣으면 체결될 때가 많다.

다시 얘기하지만, 최고가 매도를 고집할 필요는 없다. 어려울 뿐더러, 잘 안 될 때는 괜히 기분만 상하기 때문이다. 그러니 주식 투자를 하는 것이 아니라 공모주 투자를 하는 것이라고, 안전하고 편하게 먹기 위해 공모주를 하는 것이라고 다시 한번 되새길 필요가 있다. 그런 이유로 공모주는 일주일 뒤 매도하는 것이 좋다든지, 아주 좋은 기업은 장기 투자해야 한다든지 하는 의견에는 찬성하지 않는다. 주식을 보유하면서 마음고생하기 싫어 공모주를 하기 때문이다.

노하우 7: 알아두면 좋은 시초가 공략 기술

필자는 과거 시초가를 전문으로 매매하는 한 증권사 직원을 만난 적이 있다. 처음 만난 시기는 2007년쯤이었는데, 공모주를 주로 매매하는 이유에 대해 묻자 이렇게 밝혔다. "증권사 직원은 정해져 있는 하루 거래 대금이 있어요. 이 정도는 꼭 해야 눈치를 받지 않아요. 근데 이걸 충족하는 게 아주 어렵지요. 거래량이 아주 많은 종목들을 주로 공략해야 하거든요. 코스닥 테마주도 있긴 하지만, 누가 봐도 말도 안 되는 내용인데 천성적으로 저는 안 맞더라고요. 그렇다고 대형주를 하려니까, 대형주는 변동성이 크지 않아서 약정 금액을 채우기가 쉽지 않아요.

반면 신규 상장기업은 거래량이 많다 보니 상대적으로 수월하죠. 하다 보니 노하우가 쌓였고, 이제는 자신도 있습니다."

그는 시초가 매매 전문 트레이더로 명성을 날렸고, 대부분의 증권사 지점 직원이 빚쟁이라는 세간의 평가와 달리 강남권에 번듯한 집도 마련한 상태였다. 그는 "공모주 매매는 원칙만 지키면 정말 쉽다"고 했다. 정말일까?

아니다. 공모주 매매는 결코 쉽지 않다. 쉬울 리가 없다. 주식 시장에서 가끔 "이렇게 매매하면 돈 버는데, 왜 안 하나"고 하는 사람이 있다. 이런 소리를 하는 주식 전문가들이 제법 있는데, 그럴 때마다 필자는 선동렬이 코치하는 것을 바라보는 신인 투수의 마음으로 멍하니 쳐다볼 수밖에 없다. "왜 안 하냐니. 안 되니까 안 하는 거지"다.

1차적으로 공모주 투자자들에겐 신규 상장기업을 건드리지 말라고 하고 싶다. 이것이 제1원칙이다. 하지만 가끔은 해보고 싶을 때가 있다. 필자 또한 하기는 한다. 필자가 공모주를 건드릴 때를 소개해보고자 한다. 절대로 따라 하라는 차원에서 하는 얘기는 아니다.

좋은 기업인데, 유통 주식이 아주 많은 경우

업황도 좋고 기업도 좋은데, 유통 주식이 너무 많은 상장기업이 있다. 이런 상장기업은 되도록이면 장 초반에 10% 비싼 가격에 걸어두라고 말했다. 아무리 좋은 기업이어도 팔겠다는 사람이 많으면 주가가 오르기는 힘들기 때문이다. 하지만 이걸로 끝내도 될까? (물론 공모주만 투자하는 사람이라면 이때 끝내야 하지만, 주식 투자도 하겠다는 사람이라면 시도는 해볼 만하다.)

필자가 가장 최근에 신규 상장기업을 매수한 경우는 이엔드디가 있다. 이엔드디를 상장 첫날 공모가에 판 뒤, 소액으로 다시 사봤다. −10%쯤 오면 매수하겠다고 생각해뒀는데, 근처까지 왔기 때문이다. 이엔드디를 다시 사보자고 생각한 것은 이엔드디가 속해 있는 업종이 미세먼지 저감 장치 및 2차 전지로, 누가 봐도 핫했기 때문이다. 2020년 1분기 매출액은 전년 대비 360%나 늘었고 영업이익률도 22%에 달하기 때문에, 아주 괜찮은 기업이라고 판단됐다. 소액으로 재미삼아 해보기엔 괜찮다는 생각이 들었던 것이다.

당일 이엔드디는 18,200원에 장을 시작해 한때 19,050원을 찍었고(공모주는 앞에서도 말했지만 18,950원에 팔렸다), 그다음에는 매물이 쏟아지면서 15,600원까지 하락했다. 시초가 대비로는 14.3%나 하락했던 것이다. 필자는 −10% 가격에 걸어둔 것은 아니었기 때문에 급락할 때 부랴부랴 매수했는데, 순식간에 VI가 걸리면서 17,000원대에 일부 매수 주문이 체결됐다. 하지만 이와 동시에 오르기 시작하더니 다시 보합(18,200원 인근)까지 상승하자, 이때쯤 절반가량을 차익 실현했다. 이후 주식을 조금만 남겨놓고 잠시 후에 들여다봤더니, 그새 주가는 치솟아 22,000원대까지 올라 있었다(최고가는 23,650원). 핫한 업종에 주식시장이 괜찮고 단순히 잠재 매물이 많아 주가가 힘을 받지 못하는 상황이라면, 상장 당일 공략은 나쁘지 않은 선택이 될 수 있다. 단, 따라 하라는 얘기는 절대 아니다. 실패한 후 항의해도 책임지지 못한다. 성공한 사례를 소개해서 그렇지, 필자 또한 무수히 많은 실패 사례가 있다.

반드시 수요 예측, 일반 공모 모두 치열하고 업황이 좋은 기업이어야 한다. 그러면서 물량을 우려하는 기사가 쏟아지는 기업이 있다면, 그런 기업을 공략하는 것이 좋다. 굳이 하겠다면 그런 종목을 하라는 얘기다.

공모가 하회하는 바이오 기업을 노려라

필자는 공모가를 하회하는 바이오 기업을 좋아한다. 앞서 청약 경쟁률이 2 대 1에 불과했음에도 치솟았던 소마젠 사례를 들었지만, 바이오는 바이오 업종이 아주 인기 있을 때는 공모가를 하회한다는 이유만으로도 한 번쯤은 시세를 분출하곤 한다.

필자가 바이오 공모주 중 관심을 갖고 지켜봤거나 실제로 매수한 종목은 신라젠과 삼성바이오로직스, 티움바이오, 수젠텍, 압타바이오 등이 있다. 이 가운데 촉망받는 바이오 기업이라는 평가를 받았는데 지지부진했던 종목은 사두면 조금씩은 이익을 봤다. 단, 상장한 지 너무 오래된 기업을 공략하면 안 된다. 3년 전, 5년 전 상장 당시 공모가보다는 훨씬 싸다고 외쳐봐야 그사이 기업이 망가졌을 거라는 퉁명스러운 답이 돌아올 수밖에 없다. 보통 6개월까지만 새내기주라고 봐야 한다. 6개월이 지나면 헌내기다.

6개월이 안 된 종목은 공모가 대비 저평가의 매력이 있다면서 투자자들이 달려드는 경향이 있다. 바이오 업종 자체가 오르는 국면일 때, 상장한 지 얼마 안 됐는데 소외된 종목이 있다면 세력들이 사도 되겠다고 생각해서 사들이는 것 같다. 필자가 이 중에서 비교적 크게 남긴 종목은 수젠텍이다. 2011년 설립

한 수젠텍은 바이오 진단 전문 기업이다. 알레르기, 자가면역질환, 알츠하이머 치매, 인플루엔자, 결핵, 치주질환, 여성 질환(질염, 요실금 등), 만성질환(당뇨, 고혈압) 등을 진단하는 제품을 개발해 판매하고 있다. 수젠텍은 2019년 5월 상장했는데, 코넥스시장에서 이전에 상장했기 때문인지 벤처캐피탈 물량이 쏟아지면서 초반은 좋지 못했다. 12,000원에 장을 시작했는데, 시초가부터 공모가가 허물어지기 시작해 8월 6일 한때는 4,510원까지 떨어졌다. 하지만 이후 조금씩 회복하기 시작해 2020년 초엔 다시 7,000원대로 올라섰고 필자는 이때 팔았다. 이때 팔지 말았어야 했는데 말이다.

이미 알고 있겠지만, 수젠텍은 코로나19 진단 대표 테마주다. 수젠텍은 2020년 8월 3일 기록한 주가가 62,200원이었다.

노하우 8: 영끌 대출의 기술

대출은 여러 가지가 있다. 주택 담보 대출은 물론, 마이너스 통장과 신용 대출, 은행 예적금 담보 대출, 증권사의 증권 담보 대출, 보험사의 약관 대출 등이 있다. 이외에도 개인연금을 담보로도 대출을 받을 수 있고, 저축은행에서도 마이너스 통장을 개설할 수 있으며, 카드 대출도 받을 수 있다. 저금리 시대에 유동성이 풍부하다 보니 돈을 빌려주겠다는 곳은 넘치고 넘친다.

단언할 수 있는 것은 SK바이오팜 같은 사례는, 막말로 사채를 끌어다가 청약했어도 괜찮았을 거라는 점이다. 이틀 동안 돈이 묶이는 대신 2%의 수익률이 났다. 앞서 제일모직과 삼성 SDS도 1%, 1.5%의 수익이 발생했다. 이런 투자처는 단순 계산해 연 300%의 이자율이 아닌 이상 모조리 돈을 끌어다가 투자하는 것이 남는 장사다. 대부분의 투자자는 쉽게 구할 수 있는 돈만으로 청약에 나서는데, SK바이오팜을 경험한 후에는 모두 더 많은 돈을 끌어오지 않은 것을 안타까워했다.

2. 대출에도 순서가 있다

다음에 이런 일이 다시 온다면 최대한 노력해보자. 영끌 대출에 나서보는 것도 괜찮을 것 같다. 대출을 받는 데는 노하우가 있다. 특히 2020년 현재는 부동산 과열 때문에 대출받는 것이 상당히 힘들다. 제일 우선적으로는 주택 담보 대출이 좋고, 그 이후로는 선두권 은행의 마이너스 통장을 거쳐, 카카오뱅크, 케이뱅크 등 인터넷 은행, 지방 은행이나 제2금융권 마이너스 통장을 받는 게 좋다. 자칫 2금융권 마이너스 통장을 먼저 개설했다가는 1금융권에서 계좌 개설 불허가 떨어질 수 있기 때문에, 반드시 1금융부터 순서대로 마이너스 통장을 만들어야만 한다.

금리는 당연히 은행 예적금 대출 금리가 낮다. 그 이후 보험사 대출이고, 그다음이 증권사다.

카드론은 상당히 비싼 편인데, 여기에도 노하우는 있다. 만약 SK바이오팜 같은 공모주가 다시 나온다면, 청약일 한 달 전부터 조금씩 준비하라. 카드는 한 달에 4개까지 신규 발급을 받을 수 있다(타사에서 2개 발급하면 거절하는 곳도 있다). 그리고 신규로 카드를 발급하면, 카드론의 금리를 깎아주는 이벤트를 실시한다. 필자는 당시 롯데카드를 신규로 발급받았는데, 카드론 이자율을 연 5.95%로 인하해주는 이벤트를 실시했다. 카드 대출은 최고 금리가 연 23.5%라고 하니, 엄청 싼 이자율인 셈이다. 은행 예적금을 많이 드는 사람이라면 모르지만, 마땅히 돈 빌릴 곳이 없는 곳이라면 카드 대출까지 싹싹 긁어 오는 것이 좋을 것이다.

카드를 만들 때도 증권사 계좌를 개설할 때처럼 네이버페이나 쓱페이, 삼성페이, 토스 등을 활용하는 방안을 추천한다. KB국민카드나 신한카드, 우리카드, 현대카드, 롯데카드 등은 1~10만 원을 결제하면 7~13만 원을 지급하는 이벤트를 실시하는 경우가 많다. 물론 최근 6개월간 무실적 기록이 있는 신규 회원을 대상으로 하는데, 이 또한 일정을 체크하면서 개설 및 해지를 반복하면 의외로 쏠쏠한 수익을 확보할 수 있다.

다음으로 중요한 것이 증권 담보 대출이다. 물론 예적금 담보 대출은 취급하는 곳이 은행이다 보니 대출 금리는 훨씬 싸지만, 예적금은 가입하는 것을 기본적으로 추천하지 않는다. 기준 금리가 '무려' 0.5%인 시대다. 대출 좀 싸게 받겠다고 은행 예금을 넣을 필요는 없다. 이자를 받겠다고 예적금을 드는 것도 무의미한 시절이다. 물론 과거에는 금리가 높았고, 예적금 실적을 근거로 부동산 대출을 저렴하게 우대해주는 경우가 많았지만 요즘 시대에는 그런 것도 없다. 주거래은행이라고 해봐야 혜택이 없다. 주거래은행이랍시고 계속 거래하면 고객만 손해를 보는 게 요즘 분위기다.

이 책에서 따로 소개하지는 않았지만, 노크인(knock-in)이 낮은 지수형 ELS(주가연계증권)를 가입하고, 이 자산을 담보로 증권 담보 대출을 받는 방안을 추천한다. ELS는 코스피200이나 홍콩의 HSCEI, 유럽의 유로스톡스50, 일본 닛케이255, 미국 S&P500 등의 지수가 약 절반 정도 이하로 떨어지지 않으면 연 6~10%가량의 수익을 지급하는 상품이다. 또 노크인은 지수가 너무 많이 떨어져 ELS가 손실을 보게 되는 구간을 뜻한다. 대략 45% 정도면 안전한 구간으로 인식된다. 2008년 글로벌 금융위기 당시를 포함해도 노크인이 45%인 ELS는 한 번도 손실 상환된 기록이 없다. 즉, 우리나라 금융시장에서 노크인이 45%인 ELS만 투자한 투자자는 한 번도 손해를 보지 않았다는 의미다. 그런 정도로 안전한 편이다. (물론 금이나 은, 국제유가, 종목형 등은 많이 보도됐으니 손실 상환되는 사례가 많다. 이런 종목은 비교적 제시하는 수익률도 높은데, 그래도 피해야 한다.)

단, 하나 더 문제는 ELS는 조기 상환되지 않으면 무려 3년간이나 묶일 수 있다는 점이다. ELS는 6개월 단위로 상환 조건이 바뀐다. 첫 3개월이나 6개월은 기준 가격(청약 당시의 가격)의 90~95%여야 상환되지만, 다시 6개월이 지나면 85%로 낮아지는 식이다. 이런 식으로 조기 상환 구간이 점점 낮아지고, 나중에는 노크인이 되지 않으면 정상 상환되는 구조다. 다만 노크인이 되더라도 최종 시점에 60~70%의 가격을 회복하면 원금은 물론 3년치 이자도 받을 수 있다. 글로 쓰면 조금 헷갈리는데, 더 알고 싶으면 네이버 등에서 검색만 해도 많은 자료를 볼 수 있다. 참고로 엘마(ELMA)라는 어플에서 ELS에 대한 정보나 자료를 많이 찾아볼 수 있다.

다시 대출로 돌아가서, 자산이 많다면 주요 증권사에 5,000만 원에서 1억 원씩 자산을 예치해놓는 것을 추천한다. 모든 대출은 5,000만 원 이상 빌릴 때는 인지세를 내야 한다. 5,000만 ~1억 원까지는 35,000원의 인지세를 내야 하고 그 이상이면 5억 원까지는 75,000원을 내야 한다. 인지세는 안 낼 수 있다면 안 내는 것이 좋다. 여러 증권사에 1억 원씩 예치해두면 우대 조건을 충족함은 물론, 1억 원을 근거로 약 5,000만 원(보통 증권 자산은 절반 정도의 담보 가치만 인정한다)씩 빌리면 인지세 없이 대출을 받을 수 있다.

2020년 8월 현재는 NH투자증권과 삼성증권, KB증권, 한국투자증권 등 주요 증권사가 과다 대출로 인해 증권 담보 대출을 일시 중단해놓은 상태다. 개인 투자자들이 동학개미운동을 너무 거세게 일으키면서 신용융자 등을 많이 받아 증권 담보 대출을 실시할 자금이 바닥난 것이다. 이 때문에 필자 또한 역풍을 맞았고, 이제는 미래에셋대우의 투자 상품만으로 대출을 받은 뒤 공모주 투자에 나서고 있다. 이 사태가 조만간 진정되기만을 바라고 있지만, 도통 해결될 기미를 보이지 않는다면 아예 미래에셋대우 계좌를 여러 개 더 개설하고 이쪽으로 자산을 옮길 계획이다. 필자가 확인한 바로는 미래에셋대우는 자금 여력이 아직 있는 편이라고 한다. 대형화를 추진한 미래에셋대우는 자기자본이 2020년 6월 기준 9조 5,300억 원으로, 타사를 압도적으

로 앞서고 있다. 한국투자증권, NH투자증권, KB증권 등 경쟁
사들은 약 4~5조 원 수준이다.

증권 담보 대출은 필자의 사례이지만 대부분 투자자는 아마
마이너스 통장을 주로 활용할 것이다. 마이너스 통장도 사용법
을 확실히 숙지해야 한다. 다시 얘기하지만, 마이너스 통장은
다음 날 다시 돈을 찾을 계획이면 갚을 필요가 없다. 이 자금은
SBI저축은행에 넣어두거나, 저금리이긴 하지만 증권사 CMA에
예치해놓는 것이 낫다. 은행이나 저축은행은 요즘은 금리인하요
구권이 활성화돼 있으니 회사에서 직급이 올랐거나 자산이 늘
었다면 수시로 금리를 낮춰달라고 요구하는 것도 나쁘지 않다.

3. 공모주와 관련한 법이 바뀔 수도 있다

정부는 은근히 공모주 투자자들을 탐탁지 않게 생각하고 있다. 세금은 적합한 수준으로 내지 않고(배정받은 주식의 0.25%만 거래세로 내고 있으니 세금은 거의 없는 것과 같다) 꽤 많은 수익을 거둬 가는 원흉쯤으로 생각하는 듯하다.

2018년 정부는 공모주에 개인 배정 비중을 줄이는 방안을 추진한 적이 있다. 당시 금융위원회는 투자은행(IB)의 IPO(기업공개) 시장 내 책임성·자율성 제고 방안의 일환으로 현행법상 투자 주체별 물량 배정 규정을 없애 기관 배정 물량을 확대하는 방안을 검토했다. 이렇게 되면 공모 주식의 20% 이상인 개인 투자자 배정 물량은 줄어들 수밖에 없는 상황이었다.

'금융투자협회 증권 인수업무 등에 관한 규정' 제9조에 따르면 IPO 주관사는 공모 주식의 20% 이상을 일반 청약자에게 배정하도록 하고 있다. 나머지는 우리사주조합(20%), 고위험고수익투자신탁(10%), 코스닥벤처펀드(30%) 등에 배정되며 잔여물량은 기관에 돌아간다. 그동안 기관들은 "공모주 배정 규정을 개선해야 한다"고 문제 제기를 해왔다. 개인에게 너무 많은 주식을 허용하고 있다는 것이다. 금융당국도 일단은 동의했다.

그런데 이런 법 개정 추진 소식이 알려지면서 개인 투자자들이 반발했다. 청와대 국민청원에 '공모주 개인 배정 축소(폐지) 철회' 국민 청원이 올라갔고, 온라인 커뮤니티에서 모인 40여 명의 개인 투자자가 금융투자협회를 직접 방문해 항의하기도 했다.

잇따른 반발에 금융위는 결국 꼬리를 내렸다. 당시 금융당국 관계자들을 만나보니, 나름 힘 있는 사람들의 압박이 상당했다고 후일담을 들려줬다. "공모주는 아무래도 돈 많은 자산가가 많이 하니, 목소리 큰 사람이 많은가 봅니다. 여기저기에서 항의가 들어와서 고생을 좀 했어요"라고 한 당국자는 말했다.

굳이 수년 전 정부 입장에서는 실패한 옛 이야기를 꺼낸 것은 금융당국이 공모주 시장에도 과세 정상화를 고민하고 있는 것은 사실이라는 점을 짚어두기 위함이다. 그리고 또 공모주를 사실상 과세 대상에 포함되는 방안이 추진되고 있기도 하다.

기획재정부는 2020년 7월 22일 세제발전심의위원회에서 확정한 '2020 세법 개정안'을 발표했다. 이 가운데 주요 내용은 금융 투자 소득세 신설이다. 금융 투자 소득세는 주식 양도 소득을 포함해 금융투자상품으로부터 상환, 환매, 해지, 양도 등을 통해 얻은 소득을 묶은 것이다. 펀드를 포함한 모든 금융 투자 소득과 손실을 합산한다. 여기엔 은행 이자나 배당 소득과 같은 기존 소득은 제외하고, ELS와 같은 파생상품 운용 수익도 제외한다. 아무튼 금융 투자 소득세는 종합소득세와 별도로 분리해 20%의 세율을, 과세표준 3억 원 초과분은 25%를 적용해 세금을 매기기로 했다.

여기서 중요한 점은 공모주 투자 또한 주식 양도로 인한 차익이라는 점이다. 이 때문에 공모주로 번 돈 또한 금융 투자 소득세에 포함된다.

다만 이 세금은 원래 공제 한도가 2,000만 원에 불과했으나, 개인 투자자의 꿈을 꺾지 말라는 문재인 대통령의 엄포에 5,000만 원으로까지 확대됐다. 즉, 공모주 투자와 주식 투자로 5,000만 원 이상 버는 사람만 타격을 입는 셈이다. 그 전 수준으로 투자하는 사람은 증권거래세를 깎아준다고 하니 오히려 득이 되는 상황이다.

반대로 말하면 그동안 수십억 원의 종잣돈으로 연 수억 원씩 벌어 가던 큰손 공모주 투자자는 공모주 투자 매력이 한층 줄어든 상황이다. 이렇게 보면 이들의 이탈로 공모주 시장이 조금 나아질 것도 같은데, 꼭 그럴 것이라고 확신할 수는 없다. 자산가들도 모든 증권사의 우대 고객은 아니기 때문에 인당 청약 한도는 제한이 있기 마련이다.

중요한 것은 공모주 투자 또한 세금이나 제도적으로 수술대에 오를 수 있다는 점이다. 세상에는 바뀌지 않는 것이란 없고, 그런 만큼 마음의 준비는 하고 있어야 할지 모른다. 그렇지만 이 또한 언제 어떻게 바뀔지 모르는 만큼 미리 짐작하거나 겁먹을 필요는 없다. 일단은 공모주 투자를 즐기면 된다.

맺음말

공모주는 업앤다운이 빠르다.

2020년 6월 SK바이오팜 청약은 공모주 시장이 대폭 커지는 기폭제가 됐다. 하지만 공모주 시장은 SK바이오팜 등장 이전부터 좋았다. SK바이오팜이라는 빅스타가 등장할 수 있도록 시장은 무르익고 있었다.

코로나 우려가 잦아들기 시작한 2020년 5월, 자연과학 및 공학 연구개발업체 드림씨아이에스는 청약 경쟁률은 669.22 대 1에 그쳤지만, 상장과 동시에 2배 넘게 뛰었다. 공모가는 14,900원이었으나 한때 35,900원까지 상승했다.

이후 줄줄이 좋았다. 6월 에스씨엠생명과학, 엘이티, 마크로

밀엠브레인이 모두 큰 수익을 안겨줬고, 뒤이어 SK바이오팜이 등장해 끝판왕이 되는가 싶더니 그 이후로도 신도기연, 위더스제약, 소마젠, 에이프로, 티에스아이, 솔트룩스, 제놀루션, 엠투아이, 와이팜, 이엔드디까지 줄줄이 적지 않은 수익을 안겨줬다. 리츠와 의류기업 일부를 제외하고는 모두 큰 이익을 낼 수 있었다.

하지만 너무 많은 돈이 몰리면서 8월 현재는 아쉬운 것이 사실이다. 이루다는 공모주 시장 사상 최초로 3,000 대 1이 넘는 경쟁률을 기록했지만, 바로 그 경쟁률 때문에 큰 수익을 안겨주지는 못했다. 한국파마, 영림원소프트랩 등도 높은 청약 경쟁률 때문에 대출 이자를 건지는 수준에 그쳤다.

활황일 땐 너무 많은 돈이 몰린다. 이 때문에 공모주 시장은 기복이 심한 편이다. 시장이 아주 좋다고 해도 석 달을 넘기가 힘들고, 불황도 두 달은 넘기지 않는다. 연이어 실패하면 자금이 썰물처럼 빠지고, 주관사는 그만큼 공모가를 낮추자고 기업을 설득하기 때문에 금세 다시 시장이 살아난다.

그러나 지금의 공모주 시장은 당분간은 꽤 좋을 것 같다. 8월 중순부터 하순까지의 짧은 보릿고개를 넘어, 9월엔 다시 호황을 보일 것이다. 바로 카카오게임즈가 9월 1~2일 청약 시장에 등판할 예정이기 때문이다. 카카오게임즈는 공모가 밴드 상단이 24,000원이지만 장외 가격은 이미 7만 원까지 육박했다가 지난 8월 27일 종가는 63,500원으로, 이미 시장에서 좋은 평가를 받고 있다. 상장과 동시에 '따상'이 가능할 것으로 보이고, 공모금액 규모 또한 3,840억 원(공모가 24,000원 가정 시)에 달하기 때문에 물량도 어느 정도는 확보할 수 있을 것으로 보인다. 물론, SK바이오팜을 놓치고 아쉬워하는 많은 새내기 투자자들이 몰려든다면 예상했던 것보다 차익이 적을 수는 있다. 참고로 SK바이오팜 때처럼 30조 원이 몰린다면 카카오게임즈 청약 경쟁률은 800 대 1 안팎을 기록하게 된다. 필자는 카카오게임즈는 '카카오'라는 상징성이 있는 만큼 어쩌면 더 많은 자금이 몰리면서 1,000 대 1에 육박하는 신기록을 세울 수도 있으리라고 본다.

설령 그렇다고 해도, 그래도 너무 아쉬워하지는 말자. 카카오게임즈 이후로도 많은 바이오주가 등판할 예정이라 안정적으로 이익을 창출할 수 있을 것으로 보인다. 그리고 그 외에도 빅히트엔터테인먼트, 카카오뱅크, 카카오페이지 등 많은 우량 기업이 상장을 준비 중에 있다. 싱가포르 국적 바이오시밀러 업체 프레스티지바이오파마, 삼성전기 분사 업체 솔루엠, 소부장 업체 비나텍, 마이크로바이옴 고바이오랩, 토종 공유 오피스 패스트파이브, 외국 신약 개발 바이오 네오이뮨텍 등도 상장 절차를 밟는 중이다.

공모주를 10년 넘게 하면서, 이토록 기업하기 어려운 척박한 환경임에도 많은 우량 기업이 끊임없이 등장한다는 사실에 감사하는 마음이다. 한국의 경제가 그래도 매해 100여 개의 새로운 상장기업을 낳을 정도로 튼튼하다는 사실이 감격스러울 정도다.

앞으로도 재료는 충분하다. 잡음이 없는 것은 아니지만 통신 인프라와 관련한 한국형 뉴딜이 추진될 예정이고, 소·부·장(소재·부품·장비 국산화)이나 바이오산업, 로봇기술 진흥, 전기차·수소차 활성화 등이 추진되고 있다. 우리나라는 참 신기한 것이, 밀어붙이면 어느 정도 성과가 나온다. 우수한 기업이 끝없이 나올 것이다.

늦게 시작했더라도 너무 아쉬워할 필요는 없다. 시간은 충분하다. 앞으로도 꾸준히, 성실하게 청약하면 된다. 앞에서 여러 번 강조한 것처럼 공모주는 재미있기까지 하다. 내 취미는 공모주라고 해도 될 정도로, 그만큼 즐겁다. 재미있고 즐거운, 한국의 경제가 어떻게 흐르는지를 가장 가까이에서 지켜볼 수 있는 공모주 투자의 세계로 초대한다.